韩中翻译基础
한중번역기초

李铁根 编著

신아사

前 言

随着韩中关系的不断深入发展，两国间经贸人员往来、新闻信息交流、文化艺术交流、旅游服务等各种活动日益增多，相关领域和相关部门各种文书的韩中翻译工作量也越来越大。但由于韩中翻译人才的匮乏，汉译者的专业素质良莠不一，加上缺乏必要的翻译监修，导致社会上劣质的汉译文泛滥成灾。如韩国各地旅游景点介绍的汉译文错误百出，各类展览馆、博物馆中展品介绍的汉译文也是问题多多，有的甚至让中国游客和观览者无法正常理解。笔者曾到一个江河文化馆参观，其现代化的影像展示令笔者获益匪浅，韩国语与英语、汉语译文并行的文字说明形式也令人赞赏，但遗憾的是，韩语介绍文字的汉译文共有十几个，几乎都存在严重的翻译质量问题，让人无法理解。

不仅社会上韩中翻译混乱现象随处可见，韩国一些影响较大的新闻报社的中文网站中表达有误的汉译文也是俯拾即是。例如：

(1) 박 대통령은 29일~12월 1일 파리에 머무는 동안 COP21 참석 외에도 유네스코 본부를 찾아 대한민국 대통령으로서 처음으로 특별 연설을 한다.

译文：朴槿惠**将**在11月29日至12月1日期间，除了出席COP21以外，**将**首次以总统身份在联合国教科文组织总部发表特别演讲。

修正文: 11月29日至12月1日朴槿惠在巴黎期间, 除了出席COP21以外, 将首次以总统身份在联合国教科文组织总部发表特别演讲。

(2) 공직자 강의료는 시간당 장관급 50만 원, 차관급 40만 원, 4급 이상 30만 원 넘게 받을 수 없다.

译文: 公职人员的每小时讲课费, 不得超过长官(部长)级50万韩元、次官(副部长)级40万韩元、4级以上30万韩元的标准。

修正文: 公职人员的每小时讲课费, 长官(部长)级不得超过50万韩元、次官(副部长)级不得超过40万韩元、4级以上公职人员不得超过30万韩元。

通过与修正文比较不难看出, 例(1) 原译文漏掉了重要的处所词语"在巴黎", 句中又多出一个时间副词"将", 成了个成分多余的病句。例(2) 原译文则完全背离了原文含义。

社会上韩中翻译乱象纷呈, 严重阻碍了韩国语信息的正常转达, 影响了韩中各领域的深入交流。为尽快杜绝这一乱像, 韩国的汉语专家学者应该积极发挥指导和监督作用, 并应努力普及韩中翻译知识, 积极参与韩中翻译人员的培训工作, 以不断提高他们的专业素质。大学中文系和中国学系也应该加强韩中翻译教学, 培养出更多的韩中翻译人才, 以满足社会的需求。

本书正是为适应社会的这一需要而编著的。

自1999年起笔者来韩国大学任教, 出于对韩汉语教学需要, 开始对韩国语和汉语语法的对比研究发生兴趣, 并陆续撰写并发表了几篇语法对比方面的文章。除了从事汉语教学与研究以外, 因学校工作需要或为应其他社会请托, 我还做了大量的韩中翻译和审校工作, 积累了一些成功的经验和失败的教训, 因而对社会上韩中翻译略显混乱的现状有诸多切身体会, 故萌生撰写本书的想法, 只求能为提高韩中翻译人员的专业素质、消除社会上韩中翻译的乱象尽一份力。

本书在扼要介绍一些基本的韩中翻译理论知识基础上, 探讨了韩中两种语言在词汇和语法上的主要区别及其对韩中翻译的影响, 然后, 结合作者多年的韩中翻译和教学实践, 着重阐释了韩中翻译中一些行之有效的方法和技巧, 以及一些特殊结构和特殊文体的翻译方法。为能切实帮助韩中翻译工作者和自学者提高实际韩中翻译能力, 按照循序渐进、由浅入深的原则, 本书各章后均安排了不同种类的韩中翻译练习题, 其中包括很多应用文(如各类公函、邀请函、感谢信、贺词、欢迎词、协议书等)翻译文本, 大都是笔者曾经翻译或监修过的, 具有较强的实用性。参考译文附于书末, 便于自学者对照练习。希望本书能为韩中、中韩翻译工作者及自学者提供切实有效的帮助, 也能为大学中文系、中国学系、翻译学系的韩中翻译教学提供有价值的参考。

本书在撰写过程中参考并引用了前辈学者以及诸多时贤的观点，虽在文中或书末列出主要参考论著，但仍恐有所遗漏，谨在此一并向上述有关作者表示衷心的感谢。此外，本书在酝酿和写作过程中得到了大邱外国语大学中国语通·翻译学系方香教授的诸多指教，出版前她还帮助校对全稿并提出了许多宝贵意见，在此也谨向她表示诚挚的谢意。

本书虽数易其稿，但限于作者水平，肯定还有许多错误和不足之处，恳请专家学者及广大读者多加指教，以便以后做进一步的修正。

目 录

第四章 韩中翻译方法和技巧(中) / 119

第五章 韩中翻译方法和技巧(下) / 157

韩中翻译基础

第一章 韩中翻译概说

第一节 韩中翻译史概述

作为东亚两个各自具有悠久历史的国家，韩国和中国在几千年的历史发展长河中建立起了唇齿相依、共同发展的亲密关系。而两个使用不同民族语言的国家之间以及国民之间的交流必然伴随着口头或书面翻译活动。

公元前6世纪，古朝鲜曾与燕国交战，而与齐国交好，并互派使臣，进行商业贸易活动，韩中口头翻译活动随之产生。这可能是官方之间最早的翻译活动。公元前三世纪，中国秦末汉初，战乱频繁，北方燕、齐、赵民逃往韩半岛者达数万人，其中燕国卫满率千人前往韩半岛避难，并得到了古朝鲜准王的礼遇，且被拜为"博士"。汉字文化由此传入古朝鲜。公元前一世纪汉武帝征服古朝鲜韩半岛后建立四个郡县，汉字和汉文化对韩半岛的影响日益扩大。不难想象，韩半岛学习并使用汉字的人逐渐增多，"口笔译"(即将韩国语口语译成汉语书面语)活动也越来越多。

三国时期，汉字已经得到了广泛使用。360年百济的《书记》等汉文史书里还收录了很多古朝鲜传说的汉译文。

然而，汉字毕竟是记录中国语的文字，用于记录韩国语有很多困难，因而难以用于日常生活。于是出现了用汉字记录韩国语的变通用法。大约在5世纪，借用汉字书写韩国语的标记方法——"乡扎"开始使用，它不管汉字的意义，只借用汉字读音来记录韩国语。"乡扎"主要用来记录民歌民谣。在七世纪中后期，新罗的薛聪等人在总结汉字使用经验的基础上，创造了用汉字的音或义标记韩国语的方法——"吏读"。"吏读"是朝鲜民族在使用汉字基础上创造的一大文化财富，它的创制对当时社会文化的发展起到了积极的促进作用。之后，学者们用吏读文翻译了不少儒教经典，也记录了很多诗歌作品。

"乡扎"和"吏读"与汉文互译活动也逐渐增多。高丽时期的金富轼、一然等翻译了不少民间流传的"说话"作品。一然的《三国遗事》里汉译并收录了以乡扎形式流传下来的新罗乡歌14首，崔行归按汉诗形式翻译了均汝大师以乡扎形式记下来的《普贤十愿歌》，李齐贤按汉诗形式翻译了民间的乡歌作品《小乐府》。朝鲜时期由金祗、高士褧直解吏讀，由鄭道傳、唐誠润色后出版了明朝法典《大明律直解》(1395年)，右代言、韓尚德等奉王命把元朝时期的农书《农桑輯要》中有关养蚕方面的内容用吏读文形式翻译出版(1415年)，命名为《养蚕经验撮要》。

15世纪中叶开始韩中翻译活动无论在深度和广度上都有了比较大的突破。值得大书特书的就是训民正音的诞生与谚解事业的发展。

韩国在创制训民正音以前一直使用汉字。汉字在韩国社会历史发展中所起的作用是无庸置疑的，但由于汉字是为书写汉语而创制的表意文字，它的字形复杂，字数繁多，难学难懂。加上汉字根本不反映韩国语语音，也无法反映韩国语的语法结构特点，所以，韩国人要学习汉字，要比中国人花费更长的时间和更多的努力，学会了也无法用它准确地表现韩国语。此外，用吏读文标记韩国语也得在认识汉字的基础上才能进行，而且，吏读文和汉字一样不能反映韩国语语音和语法结构特点，因此用吏读文记录韩国语仍有极大困难。随着文化的继续发展，人们越来越迫切希望能有易学易懂并适合韩国语的民族文字。15世纪，朝鲜世宗王(1419-1450)带领集贤殿学者们深入研究韩国语音和汉语音韵，并总结了韩国人在长期使用汉字和吏读文字中所积累的正反两方面的经验，终于在1444年1月创制了自己的民族文字——训民正音，并于1446年秋第一次出版了《训民正音》一书。训民正音符合韩国语特点，而且具有笔划简洁、字数简单、易学易用等特征，能够准确记录韩国语的一切发音，还能比较自如地记录世界各国的语言。训民正音的创制，对韩国文化的发展具有重要意义。它克服了言文不一的矛盾，促进了韩国语的进一步发展，客观上为打破统治阶级垄断文化创造了有利条件，加快了韩国与中国以及其他国家之间的文化交流。

训民正音的创制不仅结束了韩国有语言无文字的历史，同时也结束了韩中翻译只有译文而无完整原文的历史。训民正音的创制还开辟并促进了"谚解"事业的发展。所谓"谚解"就是用"谚文"(即训民正音)翻译汉文书籍，包括中国编写的和朝鲜自编的书。"谚解"事业首先从音韵学书籍的翻译开始。世宗王带领学者们用"谚文"翻译出版了《韵会》(中国元朝时期的韵书)、《洪武正韵》，1447年还出版了《东国正韵》，以统一朝鲜的汉字音。"谚解"事业在佛教界也相当活跃。在世宗王时期，首阳大君(后来的世祖王)奉世宗王命用训民正音翻译出版了释迦的传记《释普详节》，世祖王时期(1456~1468)，佛经的"谚解"活动更为盛行。1462年，中央政府还设立了"刊经都监"，专管"谚解"佛经。这时期翻译的佛经相当多。

著名语言学家崔世珍在谚解事业上做出了杰出的贡献。他精通中国语音韵学，为普及训民正音和教育后代，撰写了《训蒙字会》、《老乞大谚解》、《朴通事谚解》、《洪武正韵译训》等有关音韵学和汉语学习的书籍，以及其他各种书籍，而且，他对其大部分著作都进行了"谚解"。1542年崔世珍逝世后，"谚解"事业仍继续发展，不仅"谚解"儒教经典继续大量出版，《农书谚解》、《简易辟瘟谚解》等农书、医书以及一些有关军事方面的兵书也相继出版。1690年，慎一行、金敬俊、金指南等还编著了中韩对译词典《译语类解》。谚解本的大量刊行，既普及了教育，扩大了训民正音的影响，又促进了中韩、韩中翻译活动。《杜诗颜解》、《龙飞御天歌》等高水平的中译韩译作相继诞生，同时，也出现了正式的韩译中译作，如既署作者名又署译者名的中译本小说《谢氏南征记》。

朝鲜时期谚解翻译事业的盛行也与国家积极推行译学政策密切相关。如司译院就是朝鲜王朝时期官方设置的学习外国语、培养翻译人才的专门机构，汉学是其最主要的学习科目。司译院培养了很多精通汉语的翻译官。这些翻译官不仅在明朝和朝鲜、清朝和朝鲜的政治、经济、文化交往中发挥重要作用，而且还翻译了很多汉语书籍。如《直解小学》(1395)、《五伦全备注谚解》(1721)等。他们的翻译活动无疑推动了汉文和韩文的普及，同时也促进了韩中翻译活动尤其是笔译活动的深入发展。

始于1894年的甲午更张推出了一系列近代化改革措施，涵盖政治、经济、文化、军事、社会等各个方面，其中包括文字制度的改革。1894年11月国王颁布敕令："以国文为本，汉文附译，或混用国汉文。"从此，"谚文"改称"国文"，官方文件改用国汉混用体，学校教科书也开始用国汉混用体编写。训民正音作为国家正统文字地位得以确立。韩中翻译活动也从此进入了一个新的阶段。

梁启超著作在朝鲜的传播对朝鲜近代化的进程起了重要作用，也大大促进了中韩翻译事业的发展。梁启超的思想和著作于1897年开始被陆续介绍到朝鲜，朝鲜刊物不但转载他的诗文，还登载其作品的韩语译文，如《变法通议》(洪弼周译，载于《大韩协会报》1908年5月第2号)、《政治学说》(玄采译，载于《湖南学报》第2~9号)等。朝鲜还出版了多种梁启超著作的韩译本，如《清国戊戌政变记》(玄采译，1900)、《饮冰室自由书》(全恒基译，1908)、《中国魂》(张志渊译，1908)等。

1910年朝鲜半岛沦为日本殖民地，在这长达35年的沦亡期，朝鲜的热血青年纷纷走向救国救民的抗日独立运动。有的拿起刀枪，直接和日本侵略者进行斗争，有的出国留学，寻找富国强民的道路。留华和留日学生成了这一时期翻译的骨干力量。他们把西方先进的政治、经济、文化、科技等方面的著作译介给国民。这一时期韩中翻译活动因日本帝国主义的野蛮统治受到压制，主要是通过中国、日本转译西方的先进著作。如玄采翻译了《泰国十九世纪史》，这是从李根摩太的中译本《泰国近百年来大事记》转译的。德国政治小说《瑞士建国志》是根据清朝郑哲贯所译的中译本转译的。日本人森田将法国的《两个假期》译成了日文，梁启超等人把它转译成中文，朝鲜又从中文转译成韩文，并定名为《冒险小说十五小豪》。

1945年日本投降，朝鲜得以光复，韩中翻译又开始活跃起来。1946年，金光洲翻译了《鲁迅短篇小说集》、《雷雨》，接着李明善又翻译了《中国现代短篇小说选》。1947年，尹永春翻译了《现代中国诗选》。这一时期还出现了《女兵自传》、《生活的艺术》等韩译本。

1949年中华人民共和国成立，1950-1953年韩国发生内战，之后南北分立，世界政治格局发生了巨大变化。由于政治上对立的原因，到70年代为止，北韩和中国往来，互译对方的政治、经济、文学、历史、哲学著作，韩国则和台湾进行着政治经济各方面的互译活动。

自50年代起北韩组建了专门的翻译机构，在大学设置中文专业，培养了大批中韩翻译人才，并翻译了大量的中国著作。如中国的古典名著《诗经》、《李白诗选》、明清小说《三国演义》、《红楼梦》、《西游记》，中国建国初期作品《暴风骤雨》、《山乡巨变》等，六十年代以后还翻译出版了《青春之歌》、《林海雪原》等作品。此外北韩还翻译了很多中国的电影。中国方面，建国以后不仅翻译了一些韩国古典名著，还翻译了近现代的主要著作。中国还设有专门的翻译局、韩文翻译组织，中央民族学院、延边大学等还设有朝鲜语言文学专业，培养了大批翻译人才。这一时期中国还出版了一些韩汉翻译理论与技巧的专著，这对提高译文质量起到了重要作用。

韩国方面，仍是以中译韩为主。六十年代翻译了《三国志》、《水浒传》、《西游记》、《红楼梦》等作品。七十年代，主要译著有《诗经》、《楚辞》、《文心雕龙》、《历代诗歌》、《唐代传奇小说选》等。此外还译出了《林语堂文选》、《胡适文库》、《中国现代诗选》、《台北人》等文献。到了八十年代，制度放宽，资料增多，出版迅速，中译韩达到鼎盛时期。译著超过八十余种，其中中国大陆文学作品占七十多种，包括诗、曲、小说、理论等海峡两岸的主要作品。尤其值得一提的是，中国现代文学的译著《中国现代文学全集》1989年由首尔中央日报社发行，该书共译出三十六位作家、七十二位诗人及三十三位理论家的作品，规模之大可谓空前。另一方面，韩国的一些文学作品也被译成汉语在台湾出版或在杂志上发表，如1959年台湾出版了赵柄华诗集《石阿花》的中译本。

中韩两国1992年正式建交，结束了长达几十年的敌对和隔阂状态，两国关系在各个领域都取得了飞跃式发展。政治上，两国领导人频繁互访，进一步增进了相互理解和信任。经济上，两国互利合作不断深化，互为重要的贸易伙伴。在文化、教育、科技等领域的交流与合作更是令世人瞩目。两国都建立了各种文化学术交流机构。中国于1993年在中国社会科学院设立韩国研究中心，并成立了中韩友好协会。北京大学、复旦大学、山东大学、杭州大学、辽宁大学等大学也先后设立韩国研究中心，出版韩国研究论集。韩国则成立有韩中友好协会、韩中亲善协会、韩中文化协会和21世纪韩中交流协会等多个友好团体，与中国相关的全国性学会及杂志数量亦大幅增加，与中国学相关的大型国际性学术会议每年不断，大大拓宽了韩中文化和学术交流的范围。

随着两国文化交流的不断深入，韩中翻译事业也进入了新的飞速发展阶段。目前，中国国内开设韩国语系的大学多达数十所，韩国国内开设中文系或中国学系的大学也多达200多所，各自培养了大量的韩中翻译和中韩翻译人才。随着韩国电视剧、K-POP人气高涨，中国民间对韩国的注意力逐年增高，继2012年歌手PSY的《江南STYLE》大热之后，最近的电视剧《太阳的后裔》又在全世界掀起韩流旋风，它不仅进一步推动中国的韩国语学习热潮，也进一步活跃了韩中翻译活动。同时，越来越多的韩国畅销书被译成汉语出版，并引起巨大影响。其中最引人注目的是金南都著、金勇译的《因为痛，所以叫青春》，该书在中国出版后，曾连续数月高居中国畅销书之首，可见其影响之大。伴随韩流的旋风，中国国内韩中翻译队伍日益壮大，影响也与日俱增。但也存在韩中翻译质量不尽如人意的问题，如一些网站里的韩国电影、电视剧的字幕以及对话的中文翻译质量很差，影响了观众对影视内容的理解。

韩国方面的韩中翻译事业也有了突飞猛进的发展。随着韩中两国在各个领域的交流合作的不断扩大和深入，两国间的交流日益频繁，宣传韩国国情和文化已经成为韩中交流的迫切需求。除了政府层面的深入交流以外，韩国与中国的学校、企业、文化团体之间的交流也日益频繁，各类文书的韩中翻译工作量也越来越大。加之动辄数万的中国游客组团来韩国旅游观光，韩国旅游业、博物馆、展览馆的各类宣传册、说明书的韩中翻译工作量也日益增大。社会的需要成了推动韩中翻译事业快速发展的原动力。但由于翻译人才供不应求，韩中翻译质量往往得不到充分保证。目前，韩国的中国学专家和韩中、中韩翻译专家正在积极加大力度推进韩中翻译知识的普及工作，设有中文系、中国学系的大学也在积极努力地加强韩中翻译教学，力争培养更多的韩中翻译人才，以最大限度地满足社会需要。相信随着韩中两国交流的进一步深入发展，中韩两国的韩中与中韩翻译事业必定会日趋繁荣昌盛。

第二节 翻译的原则

翻译是运用一种语言把另一种语言所表达的思想内容准确无误地重新表达出来的语言活动。语言是人类最重要的交际工具，也是思维工具，所以思维离不开语言。但语言和思维并不等同，思维机能是任何一个正常人都具有的，思维规律(逻辑)也是全人类共同的，而人类的语言则多种多样，即语言具有鲜明的民族性。正因如此，同样的思想可以用不同的语言来表达，即用一种语言表达的思想内容也可以用另一种语言来表达，即可以翻译，而各民族的语言不一样，所以需要翻译。翻译在沟通各民族的思想、促进政治、经济、文化、科学、技术交流方面的作用之大无需赘言。

同其他创造性活动一样，翻译活动也需要遵守一些原则，以使其更有效地发挥沟通不同语言文化的桥梁作用。这里简要介绍如下三大原则。

一、忠实原文

所谓忠实原文，就是译文要准确完整地反映原作的思想内容，即要把原文中所叙述的现象、事物、道理以及作者的立场、思想感情等完整准确地表达出来，不得有任何窜改、歪曲、遗漏。

忠实原文的原则说起来很容易，实际做起来并非易事。比较下列各句译文a和译文b不难看出，译文a都不同程度地违背了这一原则：

(1) 나이 마흔여덟에 아직 오후 2시30분도 되지 않았다니……

译文a. 已经48岁的年纪, 却才走到下午2点30分……

译文b. 48岁了, 竟然连下午两点半都没到……

(2) 사회에서는 조직생활 잘한다는 것이 개인의 행복이 아닌 희생으로 연결되는 경우가 많다.

译文a. 在社会的组织生活中, 成功往往建立在个人牺牲之上。

译文b. 在社会的组织生活中, 成功往往建立在个人牺牲之上, 而不是个人的幸福之上。

(3) 中, 시진핑 숭배 자제령 "習大大 표현 쓰지 말라"

译文a. 中国共产党限制对习近平的个人崇拜

译文b. 中国限制对习近平搞个人崇拜——不许使用"习大大"称谓

(4) 만일 이 지역에서 안보 환경이 악화하고 미국의 안보 공약에 대한 신뢰가 떨어지면, 한국과 일본이 독자적인 핵무기 능력을 갖추기를 원하게 될 수 있다.

译文a. "如果在该地区, 安全环境恶化, 对美国安全承诺的信赖下降, 韩国和日本有可能愿意开发核武器。"

译文b. "如果在该地区, 安全环境恶化, 对美国安全承诺的信赖下降, 韩国和日本有可能想拥有核武器。"

(5) 군인들이 대열을 지어 이동하거나 식사 전에 반드시 합창하라는 지시가 내려간 것으로 보인다.

译文a. 他们似乎下达了指示, 让军人列队行进或吃饭前必须合唱。

译文b. 他们似乎下达了指示, 让军人列队行进的时候或吃饭前必须合唱。

(6) 세계 명화 속에 그려진 강의 모습을 감상할 수 있습니다.뛰어난 화가들의 위대한 작품을 통해 명화 속에 나타난 세계의 강 모습을 비교해 보세요.

译文a. 可以欣赏到世界名画中相关江的丰容月貌, 著名画家通过伟大的作品来展现比较世界各大江的面貌。

译文b. 我们在世界名画中能够欣赏到大江的风姿。通过优秀画家们的伟大作品来比较一下画中表现出来的世界各大江的风姿风貌吧。

以上各例译文a都没有准确完整地将原句内容表现出来。例(1) 译文a与原句内容有出入, 例(2) 译文a漏译与"个人牺牲"相对的"个人幸福"这一要重对比项内容, 例(3) 译文a则漏译"禁止搞个人崇拜"的具体内容——"不许使用'习大大'称谓", 例(4) 译文a则明显歪曲了原句内容, "被迫想开发核武"和"愿意开发核武"意思大不相同。例(5) 译文a漏译了"时候", 使得译文不符合原意, 例(6) 不仅表达错误明显, 而且没有表现原句的祈使意义。

二、明白通顺

所谓明白通顺是指译文要符合语言规范, 文通字顺, 明白易懂。这就要求译文必须是明白畅销的现代汉语, 能让人一看就懂, 没有逐词死译、硬译的现象, 没有晦涩艰深、诘屈聱牙的现象, 没有文理不通、结构混乱、逻辑不清的现象, 没有会引起歧义的现象。目前, 在韩国的韩中翻译实践中有违这一原则的现象十分多见, 严重影响了韩国语言信息的准确传达。例如:

(1) 당신은 중국어 방송을 알아들을 수 있어요?

译文a. 你把中文广播能听得懂吗？

译文b. 你能听懂中文广播吗？

(2) 박 대통령은 또 남북이 내달 11일 개성에서 차관급 당국회담을 열기로 한 것과 관련해 러시아의 '역할'을 당부한 것으로 전해졌다.

译文a. 此外, 朴槿惠就将于下月11日在开城举行副部长级会谈一事嘱咐俄罗斯的"角色"。

译文b. 此外, 朴槿惠还谈及将于下月11日在开城举行的副部长级会谈一事, 并嘱咐他们要重视俄罗斯的作用。

(3) 국회 정보위원회 여당 간사인 새누리당 이철우 의원은 이날 정보위 브리핑에서 "국정원은 최룡해가 김정은과 청년 중시 정책 추진과정에서 이견을 보인데다 청년동맹이 주도해 건설한 백두산발전소의 수로 붕괴사고에 대한 책임을 지고 11월 초에 지방농장으로 추방되어 혁명화 조치를 받고 있다고 추정하고 있다"고 밝혔다.

译文a. 国会情报委员会执政党干事新国家党议员李喆雨在情报委记者会上表示:"国情院推定, 崔龙海在与金正恩在推进重视青年政策过程中意见出现分歧, 对由青年同盟主导建设的长白山电站水路崩溃事故负责, 崔龙海11月初被驱逐到地方农场并接受革命化教育。"

译文b. 国会情报委员会执政党干事新国家党议员李喆雨在情报委记者会上表示:"国情院推定, 崔龙海由于在推进青年重视政策过程中与金正恩意见出现分歧, 加上因由青年同盟主导建设的长白山电站水路崩溃事故被问责, 11月初被驱逐到地方农场接受革命化教育。”

通过与以上各例译文b比较不难看出，译文a都具有汉语表达上的错误。例(1)译文a错用了把字句；例(2)译文a属于述宾不搭配，“嘱咐”与宾语“角色”不能搭配；例(3)译文a各分句叙述主体不清，主动和被动表达混乱。

三、保持原文风格

保持原文风格是指译文要能表现出原文所具有的民族色彩、时代色彩、感情色彩、语体色彩、个人表达特点等，避免以译者的风格去代替原作的风格。

试比较下列各例译文a和译文b：

(1) 우리 결혼을 반대하는 자는 혼날 줄 알아.

译文a. 反对我们俩结婚的人要小心。

译文b. 谁要是反对我们俩结婚，我就跟谁急。

(2) 닭의 모가지를 비틀어도 새벽은 오고야 만다.

译文a. 就算鸡的脖子歪了，黎明也会到来。

译文b. 即使扭断鸡脖子也阻挡不了黎明的到来。

(3) 28년 만에 막 내린 '1000만 서울 시대'

译文a. 首尔人口28年来首次跌破1000万

译文b. 首尔长达28年的千万人口时代落下帷幕

以上例(1) 和例(2) 译文a都没有如实反映原文的感情特点、

强调的语气，显得平淡无味，重点不突出，而例(1)译文b句采用“谁要是……就跟谁……”句式表达了原句的感情色彩，例(2)译文b句则通过夸张辞格的运用形象生动地突出了话语重点，表现了原文说话者的感情色彩和强调的语气。例(3)原句是一个具有鲜明形象色彩的比喻句，但译文a句却无视原句的这一修辞特点，用一个直白的陈述句进行意译，效果大为下降，译文b则如实反映了原文的形象生动的修辞特点，表达效果自然大大高于译文a。

要注意正确处理以上三大原则之间的辩证关系。忠实原文是指忠实于原文整体，要求译文的艺术效果在整体上与原文的艺术效果一致，并不是忠实于个别词句的表达方式，并非要求逐字直译。在忠实原文整体的前提下，完全可以根据译文所用语言特点对原文个别词句作灵活处理，以更加明白通顺地表现原文内容。表现原作表达风格也不能作为错误表达和遗漏原文内容的借口。总之，在具体的翻译过程中，应在遵循三大原则的基础上根据原文内容和译文所用语言的表达需要仔细斟酌，以获取最佳的翻译效果。

第三节 翻译的过程

翻译的过程是正确理解原文和用另一种语言创造性地再现原文内容的过程。大体可以分为理解、表达、校对三个基本阶段。

其实，在翻译实践中，理解和表达很难截然分开，它们是彼此相依、互相影响的关系。理解是表达的前提，不能正确理解就谈不上准确的表达。当译者在理解的时候就已经自觉或不自觉地在挑选译文所用的语言表达手段；当译者在表达的时候，又进一步加深了理解。比如在处理一个韩国语句子、段落、文章过程中，汉译者往往要从韩国语到汉语、再从汉语到韩国语，反复比较、推敲，寻找最佳的表达手段。为便于讲解，这里分开论述。

一、理 解

动笔翻译前首先要透彻理解原文，小到每个词语、每个句子、某个特殊表达方式的准确含义及其表达效果，大到原文主题思想、段落关系、语言风格、背景知识等，都要有充分的理解，这是正确翻译的基础和前提。理解主要通过原文的上下文来进行。所谓上下文可以是一个句子、一个段落、甚至是一章、一节乃至全文或全书。

不能透彻地理解原文词句，很容易导致翻译错误。请看下面两个例句及其译文：

(1) 선전부는 또 지방 매체들에 대해 “시진핑 주석 관련 보도를 할 때 ‘시다다(習大大)’라는 표현을 금지한다”고 지시했다. 시다다는 ‘시진핑 삼촌’이라는 뜻으로 시 주석을 친근하게 부르는 시중의 유행어다.

译文a. 宣传部还指示地方媒体：“进行习近平主席相关报道时，禁止使用‘习大大’这一称呼。”“习大大”意为“习近平叔叔”，是亲切称呼习主席的社会流行语。

译文b. 宣传部还指示地方媒体：“进行习近平主席相关报道时，

禁止使用'习大大'这一称呼。""习大大"意为"习近平伯伯", 是亲切称呼习主席的社会流行语。

(2) 2014년 7월 박근혜 대통령이 "국민 안전과 국가 개조를 위한 첫 단추"라며 국회 통과를 호소했고 이 과정에서 사립학교 교원, 언론인까지 포함됐다.

译文a. 2014年7月朴槿惠总统表示, 这是"为了国民安全和国家改造的第一个钮扣", 呼吁国会予以批准, 而在这一过程, 实施对象也包括了私立学校教员和媒体从业人员。

译文b. 2014年7月朴槿惠总统表示, 这是"保障国民安全和进行国家改造所采取的第一步措施", 呼吁国会予以批准, 而在这一过程中, 适应对象也扩大到了私立学校教员和媒体从业人员。

例(1) 译文a将"大大"理解成了叔叔。汉语中"叔叔"是指比自己父亲年龄小的亲属及非亲属关系的男性长辈所用的称谓, "伯伯"、"伯父"是对比自己父亲年龄大的亲属及非亲属关系的男性长辈所用的称谓, "大大"则是"伯伯"、"伯父"的带有亲切色彩的口语称谓。由于韩国语"삼촌"有"叔叔"和"伯父"两种含义, 有时可以不加区分地使用, 所以译者忽略了原文中"大大"的"伯父、伯伯"的意义, 误将其译为"叔叔", 出了笑话。习近平出生于1953年, 已经年近七十岁, 称其为与"伯父"同义的"大大"带有亲切感, 称其为"叔叔"则显然不合适。例(2) 译文a将原文的"첫 단추"直译为"第一个钮扣", 让人不知所云。

在翻译专业性质较强的书面文字时, 对原文所涉及的专有名词的特定含义更要准确把握, 拿不准时或者向他人请教, 或者寻找相关说明材料, 务必使自己能透彻理解该词含义, 只有如此，才可能使翻译准确无误。

二、表 达

所谓表达是指译者把原文内容用翻译所用语言重新表达出来，即利用恰当的译文语言将原文的内容准确无误地表现出来。表达的好坏主要决定于对原文理解的深度和译者语言修养的高低。同一个翻译材料，不同的人翻译，效果大不一样。这是译者水平高低不同的反映。目前韩国社会上不少质量较差的韩中翻译都出自会说韩国语的中国人之手，可见，并不是会用两种语言的人都能成为优秀的翻译。

对韩译中的韩国译者来说，表达显然比理解难度更大，毕竟对他们来说，汉语是第二语言，使用汉语的能力要低于母语韩国语的能力，当然也低于训练有素的中国人翻译者。所以，韩国的韩中翻译工作者更要尽最大努力提高自己的汉语表达水平，同时要掌握具体的翻译技巧，并能灵活使用这些翻译技巧准确地表达原文内容。这些具体的方法和技巧将在第三、四、五章中分别加以介绍，这里先介绍两种最基本的翻译方法：直译和意译。

（一）直 译

直译指偏重于照顾原文字句进行翻译，即在译文语言条件许可时，在译文中既保持原文的内容，又保持原文的形式，尤其是保留原文的比喻以及形象、民族、地方色彩。在翻译过程中，译文不要求等同于原文的数量和表现形式，但在内容方面要保持与原文的一致，不能随意增减原文的内容，这也是译文忠实于原文的基本保证。因此直译是大部分的译文所采用的方法。以下两例都用的是直译法，译文也都保存了原文的基本内容：

(1) "김정은, 전쟁할 생각 없어… 분해서 미사일 쏜 것"

译文：(金正日厨师说：)"金正恩并不想发动战争，只因愤怒而发射导弹"

(2) "살려달라" 절규에도 촬영만…중화재 현장 동영상 파문

译文：不理会"救命"呼喊只顾拍摄 中国火灾现场视频引发风波

此外，韩语里的四字成语不少都可以用直译法对译，如将"일거양득"，"사면초가"，"구사일생"分别译为"一举两得"、"四面楚歌"、"九死一生"。

但要注意，直译虽然是常用的翻译方法，但也不能将其绝对化，对所有句子都做逐字翻译。由于韩语和汉语分属两种不同语系的语言，结构差别很大，所以不可能所有句子都能做逐字翻译。有些句子用直译法翻译会使译文冗长啰嗦、晦涩难懂，甚至不能正确传达原文意义，所以，不顾原文内容和结构特点，一味追求直译，就必然进入误区，硬译、死译，不能有效传达原文内容，让读者无法理解。

(二) 意 译

意译指根据原文的大意来翻译，不做逐字逐句的翻译。

每个民族语言都有它自己的词汇特点和语法特点，以及某些不同于其他语言的特殊的表达方式。当原文的思想内容与译文的表达形式发生矛盾不宜采用直译法处理的时候，就应该采用意译法。当然，意译不是随心所欲地乱译。意译要求译文能正确表达原文的内容，但可以不拘泥于原文的形式。例如：

(1) 호랑이도 제 말하면 온다.

译文：说曹操，曹操到。

(2) 자치관리 찬, 반동의서 실시

译文：关于实施自治管理的民意调查通知

例(1) 如果按原文字面直译为"老虎听到别人说它也会来的"，说汉语的人领会不了它的含义，而用汉语的熟语来意译，则更为贴切，也更好理解。例(2) 如按原文字面直译为"自治管理赞成和反对同意书实施通知"，不符合汉语表达习惯，很难理解，用意译法翻译更合适。

再比如下面这个长句很难用直译法翻译，即使勉强译出，也必然晦涩难懂，只有通过意译法将其分为几句来翻译，才能如实反映原文内容，并让人理解：

(3) 귀하께서는 본교 克哉美術館에서 2013년 9월 24일부터 10월 5일까지 개최된 2013 國際漆藝招待展에 초대작가로 참여하시어 전람회의 품격을 한층 높여 주셨을 뿐만 아니라, 특히 이번 전람회에 출품하신 교수님의 작품 "城市-城市!"를 계명대학교 克哉美術館에 교육용으로 기증하여 주신 점에 대해 깊은 감사의 인사를 드립니다.

译文：您作为特邀作家参加2013年9月24日到10月5日之间在我

校克哉美术馆举办的"2013国际漆艺招待展", 大大提高了本次展览会的档次。不仅如此, 您还将参展作品"城市－城市"捐赠给克哉美术馆, 以作教学之用。对此, 我们谨向您致以衷心的感谢！

需要指出的是, 直译与意译各有所长, 在翻译时我们要尽量扬长避短。而且直译和意译也不能截然分开, 它们是相互补充、互相渗透的。译者应该善于在翻译工作中把两种翻译方法有机地结合起来, 尽可能忠实地、准确地把原作的思想内容、风格、神韵等原汁原味地再现出来。在具体翻译过程中, 应避免两种极端。在直译时, 应该竭力摆脱僵硬、死译, 在意译时, 应该注意避免主观性, 不能根据自己的认识改变原文的内容。总之, 一个优秀的翻译作品都是直译法和意译法完美结合的产物, 不可能单纯使用直译法翻译, 也不可能完全使用意译法翻译。

三、校核

校核是理解与表达的进一步深化的过程, 是对原文内容进一步核实以及对译文语言表达进一步推敲使其更趋完善的过程。翻译是一种创造性劳动, 完美的译作是千锤百炼的结果, 绝非一蹴而就的产物。尽管我们在翻译的时候十分细心, 但译文难免会有错漏或字句欠妥之处。因此, 在全部翻译成文之后、定稿之前, 必须进行认真地校对和推敲, 反复斟酌, 反复润色, 直到最佳。尤其是那些难译的词句内容, 孤立地看往往不易理解, 首次接触时翻译起来很可能没有把握, 翻译完全文后, 结合全文主题思想和上下文行文脉络再作推敲，往往能够豁然开朗，理解其精髓。在校核阶段，尤其要特别注意校对以下几方面内容：

1. 校核并修改译文中的人名、地名、日期、方位、数字等方面的差错；
2. 校核译文中段、句或重要的词语有无理解上的偏误；
3. 修改译文中翻译得不够准确或表达不够通顺的句子；
4. 修改译文中晦涩难懂、难以理解的语句；
5. 斟酌标点符号的用法；
6. 反复推敲难译句的内容和表达形式是否协调。

一般来说，校核是翻译不可或缺的一部分，要想使翻译成品完美无缺，至少校核两遍以上。第一遍着重校核内容，第二遍着重推敲文字表达。

第四节 韩中翻译工作者应具有的专业素质

翻译是一种创造性劳动，其艰辛程度只有从事这一工作的人才能体会。古人有“吟安一个字，拈断数根须”的说法，形容写诗时字句推敲之难。其实，从事翻译工作的人也经常有此慨叹。有时为找到一个恰当的能够表达原文内容的词或句，反复推敲无数次都不满意，甚至几天乃至十几天都无法译好一个句子。显然，不具备相当的专业素质是很难胜任翻译工作的。

那么，韩中翻译工作者需要具备哪些专业素质呢？

首先，要想成为一个优秀的韩中翻译工作者，必须掌握韩汉两种语言的语音、词汇和语法以及语用方面的基本特点以及二者之间的对应规律。这是从事韩中翻译的基本条件，也是必备条件。为此，韩中翻译工作者要打下韩汉两种语言的基本功，努力学习并掌握韩国语和汉语知识，尤其是语法方面的知识，并能在此基础上，通过韩汉对比分析深入了解两种语言的对应规律，尤其是在表达方面的对应规律。只有如此，才能正确理解原文，并能熟练地运用翻译语言进行准确无误的对译。

比如，韩国语句子中只有状语，没有补语，状语都位于动词之前；而汉语里既有状语，又有补语，状语位于动词之前，补语位于动词之后。韩国语状语有的与汉语的状语相对应，如表示动作具体发生时间的状语：

(1) 그는 어제 서울에 갔다.
译文：他昨天去首尔了。

有的与汉语的补语相对应，如表示动作持续时间的状语：

(2) 그는 서울에 세 번 갔었다.
译文：他去过三次首尔。

要想准确地将韩国语状语翻译成汉语，就必须了解韩国语的状语类型和汉语的状语和补语的类型，以及二者之间的对应关系，否则我们就无法准确地对译。以为会说韩国语和汉语，借助几本词典和韩汉语法书就能胜任韩中翻译工作，那是不了解翻译之艰难的人极为幼稚的想法。目前韩国社会中各种劣质的韩译中翻译十分多见，其原因之一就是有相当一部分译者尽管是原语民出身，但缺乏最基本的汉语素养，因而使得翻译质量得不到保证。总之，要想成为一个称职的韩中翻译工作者，必须下大功夫不断扩大自己韩中两种语言的词汇量，深入了解各自组词成句的特点以及二者之间的对应规律，为韩中翻译打下坚实的语言基础。

其次，韩中翻译工作者要对韩中两国历史、地理、政治、军事、外交、经济、文化、科学、风俗习惯等各个方面都应有较多的了解。这就要求韩中翻译工作者要广泛阅读韩中各种书籍、新闻报刊，不断为自己"充电"，积累丰富的社会文化知识。这方面的知识越丰富，对翻译材料中出现的各种事物和现象理解得就越深刻，翻译起来就越觉轻松，译文的准确度也就越高。如果翻译的材料内容是自己从来没有接触过的，那么，要想保质保量地完成翻译任务，就必须花时间尽最大努力利用各类词典(词源、辞海、双语词典、习语辞典、俚语辞典、成语辞典、人名辞典、地名辞典及各种专业词典等)和各种百科全书去了解该材料中所反映的内容，如果没时间做到这一点，就不要轻易接受这个任务。

再其次，韩中翻译工作者要充分掌握韩中翻译中常见的翻译方法和技巧，并能将其熟练地运用于翻译实践中去。为此，要尽量多读一些韩中翻译技巧介绍的论著，并努力结合自己的翻译实践，进行反复的练习，以达到运用自如的目的。只有如此，才能保证自己写出来的东西既文通字顺，又能准确传达原文所表达的基本内容。

韩中翻译练习(一)

一、用述宾谓语句翻译下列句子。

1. 식사 후 우리들은 노래방에 갔었다.
2. 너는 다음부터는 그런 곳에 가지 마라.
3. 차로 학교까지는 세 시간 반 걸린다.
4. 저의 아버지는 택시 운전을 하십니다.
5. 나는 중국어를 2년 배웠다.
6. 나는 내 목표를 꼭 이루고야 말겠다.
7. 그는 어제 저녁에 술을 너무 많이 마셨다.
8. 그는 나하고만 이 일을 이야기했다.
9. 그는 그 소설책을 다 읽었다.

二、用双宾句翻译下列各句。

1. 그는 나에게 문제 두 개를 물었다.
2. 그는 나에게 20만 원을 주었다.
3. 왕선생님은 나에게 중국어를 가르친다.
4. 나는 그에게서 책 몇 권을 가졌다.
5. 사기꾼은 할머니를 속여 50원을 빼앗았다.
6. 그는 유치원의 아이에게 한 봉지의 큰 사탕을 주었다.
7. 내가 스케이트 타는 걸 가르쳐 줄게.

三、用状中谓语句或述补谓语句翻译下列句子。

1. 이 친구는 좀 어리석었다.
2. 택시요금이 좀 비싸다.

3. 오전만 해도 두 번이나 너를 찾았다.
4. 그는 미국에서 십여 년 간 살았다.
5. 그는 나를 반시간 기다렸다.
6. 내가 너와 함께 운동할게.
7. 나는 그와 오랜 시간 동안 이야기했다.
8. 나는 1967년에 대만에서 태어났다.
9. 다시 한번 더 말씀해 주시겠습니까?

四、用存现句翻译下列句子。

1. 그 집에 손님이 많이 왔다.
2. 벽에 그림이 걸려 있다.
3. 여기에 일부 문제들이 있다.
4. 책상위에 책 몇 권이 놓여 있었다.
5. 수림 속에서 범 한마리가 뛰어 나왔다.
6. 마을에서는 여러 집이 이사 갔다.
7. 기숙사 앞은 전부 차다.
8. 학교가 이 부근에 있다.
9. 우리 반에 학생 한 명이 새로 왔다.

五、将下列句子译成把字句或被字句。

1. 그는 편지를 쓰레기통에 집어넣었다.
2. 그녀는 영화표를 책상 위에 놓아두었다.
3. 나는 목을 모기한테 물렸다.
4. 어린 양이 호랑이에게 잡아 먹혔다.
5. 우리들이 신청한 것이 허가되었다.
6. 그는 아름다운 풍경에 도취되었다.
7. 우리는 낡은 자동차를 새 자동차로 바꾸었다.

8. 우리는 실패를 성공의 어머니로 간주한다.
9. 소설이 그에 의해 대본으로 개작되었다.

六、将下列句子译成连动句或兼语句。

1. 어머니는 일요일에도 회사에 일하러 가신다.
2. 그는 나에게 자신을 용서해 달라고 했다.
3. 우리는 중국어를 공부하러 중국에 왔다.
4. 하루빨리 4급 외국어 시험에 통과하기 위해 그녀는 매일 아침 네 시 반에 일어나 영어 단어를 외운다.
5. 나는 늘 공원에 산책하러 간다.
6. 그녀는 전화를 걸어서 택시를 호출했다.
7. 가서 그들과 좀 상의하세요.
8. 나는 도서관에 가서 책을 두 권 빌렸다.
9. 그들 둘은 노래를 부르면서 집으로 갔다.
10. 지난주 일요일 내 친구가 나를 보러 병원에 왔었다.
11. 모두들 그에게 가지 말라고 했다.
12. 사장은 나에게 달력을 100개 사도록 했다.
13. 그는 교외에서 일하는 딸이 하나 있다.
14. 교실 앞에 한 사람이 너를 찾고 있다.
15. 우리는 이 임무를 완성할 자신감이 있다.
16. 선생님은 학생들에게 신문을 읽게 하였다.
17. 이 일은 나로 하여금 아버지가 생각나게 했다.

七、翻译下列比较句。

1. 그는 나보다 키가 크지 않다.
2. 이 방은 다른 방보다 훨씬 크다.
3. 내 발음은 그녀보다 못하다.
4. 내 책은 그의 것보다 많지 않다.

5. 그는 한국음식이 중국음식보다 훨씬 맛있다고 말했다.
6. 동생이 가는 것이 네가 가는 것보다 좋겠다.
7. 그는 나보다 소설을 더 즐긴다.
8. 그의 키는 나만큼 크다.
9. 그는 내 동생과 나이가 비슷하다.

八、翻译下列否定句。

1. 나는 오늘 마음이 좀 안 놓인다.
2. 오늘은 날씨가 그렇게 좋지는 않다.
3. 그는 축구선수가 아니다.
4. 기는 놈 위에 뛰는 놈 있고, 뛰는 놈 위에 나는 놈 있으니 절대로 안하무인격으로 행동해서는 안 된다.
5. 중국에 오기 전에 나는 한자를 하나도 몰랐다.
6. 그와 결혼하기를 원하는 사람은 없다.
7. 요즘 젊은 세대들이 글을 전혀 쓰지 않는 것은 아니다.
8. 그는 한국에 가보지 못했다.
9. 그 조차도 시험을 잘 치지 못했다.
10. 내일 안 갈 사람은 여기서 사인을 해주세요.
11. 교실에서 휴대전화를 사용하면 안 된다.
12. 중요한 건 당장의 수입이 아니라 평생을 통해 이루야 할 자신의 꿈이기 때문이다.
13. 이제 '첫눈에 사랑에 빠지다'는 말을 잘 믿지 않게 됐다.
14. 실제로 언론사에서 기자나 PD를 채용할 때 신문방송학 전공자만 뽑지 않는다.
15. 대학에서의 경험은 그대의 성공적인 사회생활을 전혀 보장 하지 않는다.
16. 다른 사람의 성취를 보고도 부러워하지 않는다면, 그게 오히려 지는 것이다.

九、用复句形式翻译下列各句

1. 일이 있으면 언제든지 나를 불러라.
2. 옷을 한참 찾았는데도 못 찾았다.
3. 밥이 너무 많아 다 먹을 수가 없다.
4. 이 옷은 너무 비싸서 나는 살 수가 없다.
5. 그는 시를 지을 뿐만 아니라 시나리오도 쓸 수 있다.
6. 그가 어떻게 말하든 간에 다른 사람은 믿지 않는다.
7. 나를 돕기만 한다면 너의 요구를 들어주겠어.
8. 네가 가든 말든 나는 가겠다.
9. 안 온다 해도 너를 탓할 수는 없어.
10. 그가 잘못을 인정한 이상 더 이상 그 사람을 훈계하지 마라.
11. 그 여자는 아름다운 데다 키도 크다.
12. 그는 한국어도 할 수 있고 영어도 할 수 있다.
13. 그는 영어를 할 수 있는 데다 유창하기까지 하다.
14. 그는 미국도 가보고 영국도 가보았는데, 중국만 못 가보았다.
15. 그는 작년 3월에 편지를 보낸 후로 더 이상 편지를 보내지 않았다.
16. 내가 어려움이 있으면 그는 늘 기꺼이 나를 도왔다.
17. 나는 중국어를 몇 개월 밖에 배우지 않았기 때문에 〈인민일보〉를 볼 수 없다.
18. 이것은 시험문제라서 너에게 알려줄 수가 없어.
19. 공부, 금연, 절주, 다이어트 등 유혹을 이겨내야 하는 습관들은 결심으로 해결할 문제가 아니라, 지속적으로 관리해나가야 할 문제다.
20. 요즘 많이 개선됐다고는 하나, 특히 여성들은 가사와 육아를 병행하려면 극복해야 하는 장애가 한두 가지가 아니다.

十、改正下列各句译文中的错误。

1. 나는 그에게 편지를 쓴 일이 없다.
   译文：我给他没写过信。
2. 그는 병이 다 나아서 걸을 수 있다.
   译文：他病全好了，会走路了。
3. 나는 그를 보러 북경호텔에 가려고 한다.
   译文：我要去北京饭店看见他。
4. 우리는 회의를 열어 문제를 토론하자.
   译文：我们开会把一个问题讨论。
5. 환자를 병원으로 보내세요.
   译文：你把病人到医院送去吧。
6. 학생들은 모두 교실로 들어갔다.
   译文：学生们都进去教室了。
7. 그는 중국어뿐만 아니라 영어도 할 수 있다.
   译文：不但他会说汉语，还会说英语。
8. 오늘 수업을 마치고 너한테 갈게.
   译文：今天下课了，我就去找你。
9. 그는 학교 운동회에 여러 번 갔었다.
   译文：他很多次参加过学校运动会。
10. 그는 축구에 아주 관심이 많다.
    译文：他非常感兴趣足球。
11. 백두산에 가서 사진을 많이 찍었다.
    译文：白头山去照相了很多。

12. 우리는 술집에서 나와 영화관으로 갔다.

译文：我们出来了酒吧以后去了电影院。

13. 우리는 문자학을 배운지 벌써 6개월이 되었다.

译文：我们学习文字学学习了已经六个月了。

14. 어제 나는 백화점에 가서 물건을 샀다.

译文：昨天我去了百货店买了东西。

15. 너는 중국어 방송을 알아들을 수 있니?

译文：你把中文广播能听得懂吗？

第二章 韩国语和汉语在词汇和语法上的主要区别

韩译中的一切理论、方法和技巧都建立在韩中两种语言的对比之上, 因此, 对于韩中翻译者来说, 深入理解韩中两种语言的异同, 尤其是相异之处, 从而掌握各自的特点是应用各种方法进行准确翻译的基础和保障。只有掌握韩中两种语言的主要特点, 才能认识到两种语言表达上的差异, 确定翻译的难点并预测在韩中翻译过程中可能出现的错误, 进而寻找消除母语干扰的方法, 有针对性地选取有效的方法进行同义转换。因此, 在探讨韩中翻译技巧之前, 有必要讨论韩中两种语言在词汇和语法上的主要区别。

第一节 韩国语和汉语在词汇上的主要区别

由于历史上受汉语影响的结果, 韩国语中拥有大量的汉字词语, 约占词汇总数的60%。这些汉字词语的大量存在和韩中文化传承上的相似性无疑为韩译中词语翻译提供了诸多便利。但韩国语和汉语毕竟是两种各自独立的语言, 在词汇方面也存在诸多差异。其中对韩中翻译影响较大的差异主要表现在以下三个方面。

一、韩语汉字词与汉语词语的差异

韩国语中大量汉字词的存在，给韩国人汉语学习和韩中翻译带来一定的便利。一些汉字词与汉字含义、用法完全相同，只要我们知道该词的汉字写法，就能理解它的意义。比如下列汉字词我们可以通过汉字词汇意义就可以判断它们的准确意义：

국가(国家)	국민(国民)
논문(论文)	은행(银行)
학교(学校)	학생(学生)
군대(军队)	실시(实施)
분투(奋斗)	강산(江山)
외교(外交)	경제(经济)
사회(社会)	도로(道路)

有些汉字词尽管与汉语排列顺序不同，但其意义与汉语相同，因而也很容易判断它们的意义：

汉字词	汉语
암흑(暗黑)	黑暗
제한(制限)	限制
소개(绍介)	介绍
평화(平和)	和平
솔직(率直)	直率
식량(食量)	粮食

但韩国语中的汉字词与汉语相应的词并非都是完全等义的，不少汉字词与汉语的对应词在意义、用法以及感情色彩方面存在一些区别。这类汉字词从汉语字面上很难看出准确意义，比较：

汉字词	韩国语含义
방학(放学)	放假
약속(约束)	约会、约定
기차(汽车)	火车
연출(演出)	导演
외화(外货)	外汇
물건(物件)	东西

在翻译的时候，如忽视这类区别，就会将韩国语的汉字词简单地翻译为汉语的对应词，造成表达上的错误。尤其要注意那些多义汉字词与汉语对应关系上的不同。如“독신”这个词，韩国语既有“没有配偶的人”这个意义，又有“没有兄弟姐妹的人”这个意义，后一种意义上的“독신”显然不能译成“独身”。词类上的不同也是需要特别注意的。如“관심”在韩国语里是名词，而汉语对应词“关心”是动词，可以带宾语。再如汉语中一些含有褒义色彩的词语在韩国语中变成了贬义词，如“欢乐”在汉语里是褒义词，但韩国语中的“환락”还用来表示“拈花惹草”、“寻欢作乐”的意思，含有贬斥的感情色彩。还有一些汉语中贬义词在韩国语中变成了褒义词或中性词，如“自负”在汉语中是个贬义词，但韩国语中对应的汉字词“자부”在韩国语中表示“有自信”、“感到荣耀”的意

思，带有自豪的感情色彩。如果忽视这类"同形"汉字词在韩中两种语言中表义上的不同，就会在翻译时出现错误。比较：

(1) 그는 중국 역사에 관심이 있다.
错译文：他对中国历史有关心。
修正文：他对中国历史很感兴趣。
(2) 그는 민족문화에 대해 자부심을 가지고 있다.
错译文：他对民族文化有自负心。
修正文：他对民族文化有自豪感。

二、韩国语中有表达特殊含义的汉字词

韩国语在自身发展过程中在汉语词的基础上又创造了很多新词，尽管它由汉字组成，但与汉语没有必然的联系，只表达特殊的韩国语含义，而这些特殊汉字词在汉语中又是不存在的。例如：

汉字词	韩国语含义
삼촌(三寸)	叔叔
사돈(查顿)	亲家
성화(成火)	发脾气、找麻烦
사촌(四寸)	堂兄弟、堂姊妹、叔伯兄弟
동생(同生)	妹妹、弟弟
납치(拉致)	绑架

与以上汉字词对应的汉语中"查顿、成火、拉致"根本不成词,"三寸、四寸、同生"则表达完全不同的含义,与其在韩国语中的含义完全无关。

再看一些例子。韩国语中的"통원"指每天到医院去看病检查;"왕진"指医生到患者那儿给患者诊断;"영화"意思是电影,而汉语里没有与其对应的"通院"、"往诊"、"映画"这三个词。由于是汉字词,有些人在进行韩中翻译的时候就习惯性地直接用"通院"、"往诊"、"映画"对译,导致翻译错误:

(1) 그 의사는 정기적으로 환자 집에 왕진을 간다.

错译文: 那医生定期到病人家往诊。

修正文: 那医生定期到病人家出诊。

(2) 오늘 저녁은 한가하므로 나는 영화를 보러 갈까 한다.

错译文: 今晚没事,我想去看映画。

修正文: 今晚没事,我想去看电影。

(3) 김씨는 지난 2013년 10월부터 올해 4월까지 통원 치료를 위해 병원을 찾아온 환자들에게 허위 입·퇴원서를 발급해 주고 입원비를 받는 방법으로 7000여만 원을 챙긴 혐의를 받고 있다.

错译文: 金某被指控从2013年10月至今年4月为止,通过给通院治疗的病人发放虚假的住院、出院证明骗取住院费的手段,非法获得7000余万元。

修正文: 金某被指控从2013年10月至今年4月为止,通过给每天到医院治疗的病人发放虚假的住院、出院证明骗取住院费的手段,非法获得7000余万元。

因此, 在韩中翻译时一定要注意这类韩国语中特有而汉语中没有的汉字词所表达的确切含义, 不可望文生"译"。

三、韩中熟语的区别

"熟语是语言中相沿习用的固定结构。"[1] 它一般总是作为语言的建筑材料来使用, 作用上相当于词, 与词一样具有结构的定型性、语义的融合性以及功能的整体性特点。作为民族语言特有的词汇单位, 熟语受到各民族文化传统的影响特别深刻, 因而具有特别鲜明的民族特色。

韩国语和汉语各自具有带有鲜明民族烙印的熟语系统, 在各自语言表达过程中发挥特有的作用。在韩中翻译时, 必须注意两种语言在熟语上的异同, 尤其要注意二者的区别, 否则很容易出现似是而非的错译。

这里重点谈谈韩国语和汉语熟语中成语和谚语的主要区别。

(一) 韩中成语的区别

"成语是指历史上沿用下来或群众中长期流传、见解精辟并含有特定意义的固定短语。"[2] 韩国语和汉语中都有表义丰富的成语。有些形式和表义基本相同, 所以可以直接对译。例如:

천신만고 千辛万苦　　속수무책 束手无策
사면팔방 四面八方　　동병상련 同病相怜

1) 邵敬敏主编(2007), p.139。
2) 邵敬敏主编(2007), p.140。

이구동성	异口同声	수수방관	袖手旁观
일목요연	一目了然	조삼모사	朝三暮四
대동소이	大同小异	동분서주	东奔西走
성심성의	诚心诚意	무궁무진	无穷无尽
설상가상	雪上加霜	일거양득	一举两得

但是，韩国语中还有很多特有的四字成语与汉语同义的成语形式意义不同。我们尤其要注意这类成语与汉语成语的形式区别，翻译时不可逐字对译，须用汉语中与其意义相同或相似的成语进行意译。例如：

韩国语	汉语
자수성가(自手成家)	白手起家
막상막하(莫上莫下)	不相上下
심사숙고(深思熟考)	深思熟虑
안하무인(眼下無人)	目中无人
산해진미(山海珍味)	山珍海味
현모양처(賢母良妻)	贤妻良母
우유부단(優柔不斷)	优柔寡断
일석이조(一石二鳥)	一举两得、一箭双雕
주마간산(走馬看山)	走马观花
자업자득(自业自得)	自作自受
탁상공론(桌上空論)	纸上谈兵
용두사미(龍頭蛇尾)	虎头蛇尾
금성철벽(金城鐵壁)	铜墙铁壁

공명정대(公明正大)	光明正大
전대미문 (前代未聞)	前所未闻

还须注意的是, 汉语中的不少成语在韩国语中以非四字格式的短语形式表现出来。有的字面意义与汉语成语所表示的意义完全相同, 所以可直接用汉语成语对译, 例如:

韩国语	**汉语**
계란으로 바위치기	以卵击石
소 잃고 외양간 고치다	亡羊补牢
우물 안의 개구리	井底之蛙

更多的则是字面意义与汉语成语有所不同, 但所表示的基本意义相同。如果按字面意义翻译, 中国人理解起来有难度, 用汉语成语对译, 言简意赅, 更容易理解。例如:

산전수전 다 겪다(字面意思: 无论是山战还是水战都经历过)
对译: 饱经风霜
소귀에 경 읽기(字面意思: 对着牛耳朵念经)
对译: 对牛弹琴
불 난 집에 부채질히다(字面意思: 对着起火的家煽扇子)
对译: 火上浇油
다리를 뻗고 자다(字面意思: 伸出大腿睡觉)
对译: 高枕无忧

쥐 죽은 듯하다 (字面意思: 老鼠都死了似的)

对译: 鸭雀无声

(二) 韩中谚语的区别

作为熟语的一种, "谚语是流传于民间的形象通俗而含义深刻的语句"。[1] 各种语言中都有自己丰富的谚语, 它们是在长期的语言发展过程中经过千锤百炼形成的。在内容上它凝聚了丰富的生产、生活经验和教训, 富于哲理, 因而具有认识和教诲作用; 在形式上, 它结构简洁, 形象生动, 讲究修辞, 为老百姓喜闻乐见。

韩国语和汉语中都有表义丰富的谚语。有些韩国语和汉语的谚语形式和意义基本相同, 所以可以直接对译, 例如:

(1) 벙어리 속은 벙어리가 안다.

译文: 哑巴的心哑巴知道。

(2) 개가 미친다고 소까지 미치랴.

译文: 狗发疯不见得牛也疯。

但是, 韩国语中还有大量的具有鲜明的民族地域特点的谚语, 它们在汉语中没有形式对应的谚语, 直译的话中国人又很难理解。要特别注意这类谚语的翻译。有相当一部分可用汉语中与其意义相同或相似的谚语对译, 例如:

---

1) 邵敬敏主编(2007), p.143。

(3) 하룻강아지 범 무서운 줄 모른다. (字面意思 : 初生的狗不怕虎。)

译文: 初生牛犊不怕虎。

(4) 부부 싸움은 칼로 물 베기 (字面意思: 夫妻吵架是用刀切水。)

译文: 夫妻没有隔夜的仇。

(5) 공든 탑이 무너지랴. (字面意思 : 花了很多工夫建起来的塔会塌吗?)

译文: 皇天不负有心人。

(6) 호랑이 없는 동산에 토끼가 선생 (字面意思 : 在没有老虎的山上兔子成了老师。)

译文: 山中无老虎, 猴子称大王。

(7) 하늘이 무너져도 솟아날 구멍이 있다. (字面意思 : 即使天塌下来也有逃出去的缝隙)

译文: 天无绝人之路。

(8) 아니 땐 굴뚝에 연기 날까? (字面意思 : 没烧火烟筒里能冒烟吗?)

译文: 无风不起浪。

(9) 열길 물속은 알아도 한길 사람 속은 모른다. (字面意思 : 可以测出十人深的水, 但难以了解一个人的心。)

译文: 人心隔肚皮

(10) 원숭이도 나무에서 떨어질 때가 있다. (字面意思 : 猴子也有从树上掉下来的时候。)

译文: 人有失足, 马有失蹄。

(11) 세 살 버릇 여든 간다. (字面意思 : 三岁的习惯到八十岁也不变。)

译文: 江山易改, 本性难移。

(12) 싼게 비지떡이다. (字面意思 : 便宜的是豆渣饼。)

译文: 一分钱, 一分货。

还有的可以用意义相同或相似的成语或歇后语来翻译, 例如:

(13) 손벽도 마주쳐야 소리 난다. (字面意思 : 鼓掌时必须两手碰到一起才会出声。)

译文: 孤掌难鸣

(14) 입술이 없으면 이가 시리다. (字面意思 : 没有嘴唇的话, 牙齿会觉得凉的。)

译文: 唇亡齿寒

(15) 돈을 물 쓰듯하다. (字面意义 : 像用水似的随便花钱。)

译文: 挥金如土

(16) 낮말은 새가 듣고 밤 말은 쥐가 듣는다. (字面意思 : 白天说的话鸟能听到, 晚上说的话老鼠能听到。)

译文: 隔墙有耳

(17) 고양이 쥐 생각하다. (字面意思 : 猫为老鼠着想。)

译文: 猫哭老鼠___假慈悲(歇后语)

有些谚语有不止一种译法, 翻译时可根据上下文语境进行选择。例如:

(18) 죽도 밥도 아니다. (字面意义 : 既不是粥, 也不是饭。)

不伦不类

不三不四

非驴非马

四不像

(19) 기는 놈 위에 나는 놈 있다. (字面意义 : 爬的东西上面还有飞的东西。)

人上有人, 天外有天。

人上有人, 山外有山。

山外有山, 天外有天。

强中自有强中手, 一山更比一山高。

第二节 韩国语和汉语在语法上的主要区别[1)]

大多数韩中翻译错误都集中在语法方面, 反映出译者对韩中两种语言在语法上的差异缺乏足够的理解和认识。

汉语和韩国语在语法上的区别是多方面的, 对韩译中影响最大的主要有如下几个方面。

一、 形态上的区别

所谓形态, 是词的语法形式的泛称。有狭义形态和广义形态之分。前者专指词的表示语法意义的能够起曲折变化的形式, 这种形态叫构形形态。广义形态则包括起构词作用的语法形式,

1) 本节主要内容引自李铁根(2016)。

称为构词形态。构词形态和构形形态都是实词结构内部的形式，所以叫内部形态。更广义的形态还把表示一定语法意义的某些独立的虚词乃至词与词的组合方式也叫做形态，称为外部形态或分析形态。[1] 一般所说的形态分类，是根据语言的语法中的狭义形态的特点给各种语言所作的分类。根据这种分类法，一般把语言分为"孤立语"、"黏着语"、"屈折语"、"多式综合语"四种类型，汉语属于孤立语，韩国语属于黏着语。[2]

形态上的区别是韩中两种语言最本质的区别之一。

作为一种黏着语，韩国语的词尾非常发达，数目和种类众多，词在句中的地位和语法功能以及各种语法关系大都是靠词尾来表示的。例如：

(1) 선생님이 교실에서 책을 본다.

此句中的"선생님"靠主格词尾"이"表示它同中心词"보다"是主谓关系；"교실"靠位格词尾"에서"表示它和中心词"보다"是状中关系，"책"靠宾格词尾"을"表示它和中心词"보다"是述宾关系。

而汉语缺乏形态变化，主要依靠词序和虚词等语法手段表示词与词之间的关系或其他语法作用。如短语中有主谓短语，而没有谓主短语，有偏正短语，但没有正偏短语。不同的词序往往可以表现不同的语法结构关系或不同的语法意义。如"结合完美"是主谓关系，而"完美结合"则是偏正关系，"他批评我了"和

1) 参见王今铮等(1984), pp.367-368。

2) 参见高名凯、石安石(1979), pp.134-135。

“我批评他了”尽管都是主述宾的句子，但前者“他”是施事，“我”是受事，而后者“他”是受事，“我”是施事。用不用虚词以及用什么虚词，也都可能引起结构关系的变化。如“看书”是述宾短语，“看的书”则是定中短语，“他的哥哥”是定中短语，而“他和哥哥”则是联合短语。

由于韩中两种语言在形态上有如此明显的区别，所以在韩中翻译时就要注意韩国语的形态所表达的不同的语法意义在汉语中是如何体现的，二者的对应关系如何，应该怎样用汉语的表达形式恰当地转译韩国语用形态所表达的意义。

譬如，韩国语和汉语动词在定语位置上都有相对时的用法，但韩国语动词作定语时必须根据不同的“时”用“는”、“ㄴ(은)”、“던”、“ㄹ(을)”等不同的词尾，而汉语定语动词的相对时或者通过词汇手段(时间名词、时间副词、表时间的介词短语、方位短语等)来表达，或通过语法手段(时态助词)来表达，或通过动词的零形式来表达。例如：

(2) 그는 울고 있**는** 아이를 데리고 갔다.

译文：他把哭着的孩子领走了。

(3) 식사를 **한** 학생들은 먼저 가십시오.

译文：已经吃完饭的同学先走吧。或：吃了饭的同学先走吧。

(4) 어제 하**던** 일을 계속합시다.

译文：继续干昨天干过的活。

(5) 내일은 누나가 돌아**올** 날이다.

译文：明天是姐姐回来的日子。

(6) 그는 자기가 보**던** 책을 나에게 주었다.

译文：他把自己看的书给了我。[1)]

例(2)中韩国语动词的相对现在时在汉语译文中通过在动词后加时态助词“着”来表示，例(3)中韩国语动词的相对过去时在汉语译文中通过在动词前加时间副词“已经”来表示，或通过动词后加时态助词“了”来表示，例(4)中韩国语动词的相对过去持续时在汉译文中通过在动词前加时间名词“昨天”动词后加时态助词“过”来表示，例(5)中韩国语动词的相对将来时在汉译文中通过动词前时间名词“明天”来表示。例(6)中韩国语动词的相对过去持续时在汉译文中通过动词的零形式来表示。

韩汉语其他一系列的不同也多与形态上的区别有直接或间接的关系。如韩国语不同的词类充当不同的句法成分时伴随形态上的变化，词类与句法成分之间的对应关系比较明确。而汉语的词类和句法成分之间并不存在一一对应的关系，某一类词常常可以充当多种句法成分。如动词除了经常充当谓语外，也经常充当定语、状语、补语，在一定条件下还可以充当主语和宾语及介词宾语。例如：

(7) 走的人事先都没跟我打招呼。

(8) 1918年3月9日协约国开始武装干涉苏俄。

(9) 把车推走！

(10) 笑比哭好。

---

1) 关于汉语和韩国语动词定语时制详细的对比分析请参见李铁根、孙庆玉、方香(2000)。

(11) 比散步更好的锻炼方式是什么？

例(7)中动词“走”充当定语，例(8)中动词“武装”充当状语，例(9)中动词“走”充当补语，例(10)中动词“笑”、“哭”分别充当主语和宾语，例(11)中动词“散步”充当介词宾语。这些动词充当不同的句子成分时，其词类性质和词的形式都没有发生变化。了解汉语动词充当句法成分时的这一特点，在韩中翻译时就不会被韩国语动词在充当不同句法成分时发生的词尾变化所迷惑，只需通过词序和虚词等汉语所用的语法手段准确表达动词和其他成分之间的关系即可。

二、谓词性短语中心语位置上的区别

韩国语和汉语的谓词性短语在结构上有重要的区别。韩国语体词性短语和谓词性短语的中心语都在最后面，而汉语只有体词性短语的中心语在最后面，而谓词性短语中心语的位置则有前有后。如动词性短语中的动词，在述宾短语和述补短语中充当述语，位于宾语和补语之前，在状中短语中充当中心语，位于状语之后。例如：

述宾短语：看电视　做作业　踢足球
述补短语：看完　做好　踢破
状中短语：才看　上午做　往前踢

谓词短语在句中最主要的功能是做谓语，因此，韩国语谓词性谓语句的末尾只能是动词或形容词, 而汉语句子的末尾可以是一个动词或形容词, 如由中心语为动词或形容词的状中短语充当谓语的句子, 也可能是一个名词或代词, 如由述宾短语充当谓语的句子。例如:

(1) 小王刚走。

(2) 她非常漂亮。

(3) 他买了一本书。

(4) 我没见到他们。

由于中心语位置不同, 因此动词性短语的扩展方向也不相同。韩国语动词性短语是以动词为核心向左侧扩展, 汉语动词性短语则是以动词为核心向左右扩展。其结果造成了韩国语和汉语在短语结构类型上的不同, 汉语和韩国语都有述宾短语, 但述语和宾语的排列顺序完全相反。汉语是述语在前, 宾语在后, 而韩国语是宾语在前, 述语在后。而且, 除了韩国语也有的主谓短语、述宾短语、定中短语、状中短语以外, 汉语中还多了一种非常重要的短语结构类型——述补短语。而述补短语的补语成分所表示的意义在韩国语中都由状语来表示。这样, 韩国语中的状语有的与汉语中的状语相对应, 有的则与汉语中的补语相对应, 我们只有掌握二者的对应关系, 才能准确地将韩国语的状语转换为汉语的状语或补语。比如, 韩国语里的时量词语只能放在动词语前头作状语, 而汉语里表示时量的短语放在动词前头是很受限制的, 只有在强调完成谓语动作(谓语部分往往是一个短语, 而不能是一个光杆动词)所需要的时间时, 才能把时量成分放在

动词谓语之前。例如:

(5) 他三天看了两本书。

(6) 我一个星期就把文章写好了。

而一般表示动作持续的时间词语都只能放在动词之后作补语。所以下列韩国语的状中短语都只能译成汉语的述补短语, 而不能译成状中状语:

2년 배웠다

译文: 学了两年

*两年学了

3일 보았다

译文: 看了三天

*三天看了

한 시간 쉬었다

译文: 休息了一个钟头

*一个钟头休息了

오랫동안 연구했다

译文: 研究了好长时间

*好长时间研究了

可见, 韩国语和汉语的谓词性短语中心语位置上的区别, 导致了短语结构类型和句子成分排列顺序的不同。了解这种对应关系才能根据不同语义类型将韩国语的状中短语转译成汉语的状中短语或述补短语，将韩国语的"宾+述"词序的谓语句转换为汉语的"述+宾"词序的谓语句。

三、时制系统上的区别

各种语言都有各自的特点，时制表现形式也不尽相同，因而形成各具特色的时制表达系统。韩国语的"时"分为绝对时和相对时，各自又有现在时、过去时和将来时。它主要是以动词本身的形态变化作为表达时制类型的主要手段，即以时制词尾来表达相应的时制意义，绝对时中的现在时由动词词干加"-는-/-ㄴ-다"构成，过去时由动词词干加"-었/-았-다"构成，将来时由动词词干加"-겠-다"构成。相对时中的现在时由"-는"表示，过去时由"-(으)ㄴ"、"-던"表示，将来时由"-(으)ㄹ"表示。[1)]

而现代汉语的时制系统与韩国语区别非常明显。汉语的句子从绝对时角度可分为已然(包括过去和现在)和未然两类：事件在说话之前或说话之时已发生(过)或存在(过)为已然，事件在说话之时尚未发生为未然。从相对时角度可分为同时和异时两类：事件以某一指定的时间为参照点，若事件与这个参照时间同时存在，则为同时；若事件发生与这个参照时间有先后关系，则为异时。异时又可分为前时(事件在参照时间之前发生)和后时(事件在参照时间之后发生)两类。绝对时和相对时的不同类型都各有一定的表现形式，这种表现形式既可以是词汇手段，如时间名词、时间副词、表时间的方位短语、介词短语以及某些特定词

1) 남기심, 고영근(2013), pp.313-324。

语、特定句式等, 又可以是语法手段, 如时态助词或语气词, 动词重叠形式, 某种特定句式(如祈使句)等, 也可以是零形式。词汇手段和语法手段具有选择制约关系, 二者经常相互配合来表达句子的时制意义。[1)]

可见, 汉语和韩国语的时制系统和表达时制的手段是大不相同的, 要想用汉语准确地翻译韩国语的"时", 必须了解并掌握二者在时制类型和表达手段上的对应关系。比如下列三个韩国语绝对过去时句翻译成汉语则可分别用词汇手段、语法手段和零形式的无标手段来表现:

(1) 나는 컴퓨터를 전공하려고 준비했어요.

译文: 我那时在准备考计算机专业。

(2) 세종대왕은 "한글"을 창제했다.

译文: 世宗大王创制了韩文。

(3) 퇴계 이황 선생은 학문하는 것을 즐겼다.

译文: 李滉先生喜欢钻研学问。[2)]

例(1) 汉语用时间名词"那时"这个词汇标记来表达韩国语过去时意义, 例(2) 用时态助词"了"这个语法标记来表达韩国语过去时意义, 例(3) 则用无标句表达韩国语过去时意义。

再比如, "将"是现代汉语中使用频率最高的表示绝对时的未然和相对时的后时词汇标记, "겠"则是韩国语中表示未然的词

1) 参见李铁根(2002)。

2) 此三例转引自徐春兰(2013)。

尾，二者在各自语言中都是重要的时制标记，但在用法上有同有异，在韩中翻译过程中不都能简单对译。如韩国语中的“겠”没有口语和书面语的语体色彩上的区别，口语中也很常用，而汉语中的“将”则具有书面语色彩，口语中用得少，尤其在短句中。因此，韩国语口语中经常使用的“겠”字句大部分都没有“将”字句与其对应，即不能译成“将”字句。如在口语中“겠”经常用于疑问句和否定句中，而汉语的“将”除了在假设条件句中以外，很少用于独立的疑问句和否定句中。所以，下面这类“겠”字疑问句和否定句都不能翻译成“将”字句：

(4) 당신 내일 중국에 가겠어요？
译文：你明天去中国吗？
(5) 나는 내일 중국에 안 가겠다.
译文：我明天不去中国。

相反，韩国语表达未来肯定要发生的事件不用将来时句，而用现在时句。所以，表示具体将来时间的词语(如“明天”、“明年”、“下个星期”、“后天上午十点”等)既可以用于现在时，又可以用于将来时，而汉语里这类词语都属于未然词汇标记，只能用于未然句。因此下列韩国语的现在时句都只能译成汉语的“将”字未然句：

(6) 그들은 내년 3월 복단대학 중문과에서 한 학기 동안 공부한다.
译文：他们明年三月将去复旦大学中文系学习一个学期。[1]

1) 关于汉语“将”和韩国语“겠”详细的对比分析请参见李铁根(2007)。

四、省略用法上的区别

这是韩国语和汉语在语用上的一个重要区别。

汉语和韩国语都有省略用法, 但程度有所不同。尤其在主语和人称代词省略方面, 韩国语更为常见, 尤其在对话结构中。[1)]了解这一点, 在韩译汉翻译时就要注意补出韩国语中省略掉的而在汉语中必须出现的主语, 避免造出主语残缺句。

韩国语人称代词和主语容易省略的原因是多方面的, 形态发达应是其中之一。白水振(2014)曾举例说明韩国语可用词尾所表示的意义来弥补省略时指代上的不明确, 所以韩语可以比汉语更多地省略主语:

(1) 동생이 갓 입대해서 허전해요.

译文: 弟弟刚刚入伍了, 所以我心里觉得挺空虚的。

(2) 동생이 갓 입대해서 허전하대요.

译文: 弟弟刚刚入伍了, 所以她心里觉得挺空虚的。[2)]

例(1) 中的后半部分主语肯定指代的是说话者, 例(2) 中把最后语尾换成“ㅡ대요”(转述标记), 所以后半部分主语指代的是

1) 参见白水振、金立鑫、白莲花(2014); 肖奚强、金柳廷(2009)。后者还针对人称代词省略现象的调查中, 将汉语原文和韩国翻译文本作了比较, 同时也将韩语原文和汉语翻译文本作了比较。比较结果是, 韩语原文和韩语翻译文本都比汉语的人称代词使用频率低。汉语中人称代词的使用量比韩语要平均高出三倍。

2) 白水振、金立鑫、白莲花(2014)。

第三者，因而两句省略的主语是不同的，翻译成汉语主语所用代词自然也不同。

韩国语发达的敬语表达系统也为主语省略提供了更大的空间。尊称词尾是韩国语敬语形式的表达方式之一。动词中与人的行为有关的某些动词也具有表示尊敬意义的形式和非尊敬意义的形式，如表示"睡"意义的有"주무시다(尊敬)"、"자다(非尊敬)"两种形式，话者要想表示尊敬时，应选用表示尊敬形式的动词。语法形式及尊称词尾的使用也非常普遍，听话人可以根据对话中敬语形式确定省略的主语。比较：

(3) 안녕하십니까？

译文：您好！

(4) 어디 가십니까?

译文：您去哪里啊？

(5) 언제 귀국하십니까?

译文：您什么时候回国？

(6) 연세가 어떻게 되셨어요?

译文：您多大年纪了？

(7) 환자를 병원으로 보내세요.

译文：你把病人送到医院去吧。

以上韩语句中谓语动词词干后都用了主体敬语法中的尊敬词尾"시"，表示说话者对对方的尊敬意义，因而主语"您(你)"都不出现，但在汉语译文中这个主语则往往要出现。

在韩中翻译过程中，必须格外注意韩汉两种语言在主语省

略上的区别, 否则就很容易把韩语中的主语省略句译成汉语的主语残缺句, 例如:

(7) 출장 온 동창 보러 간다.

译文: 去见来出差的同学。

(8) 부모님을 모시고 여행 간다.

译文: 陪着父母去旅游。

(9) 아이를 데리고 공원에 간다.

译文: 领着孩子去公园。

以上三句的汉译句都不具有独立性, 即不是自足的无主句, 须补出省略的主语"我"。

韩中翻译练习(二)

一、将下列短文翻译成汉语。

1. 인생시계

그대의 인생은 몇 시인가?

내 책상 위에는 가지 않는 탁상시계가 있다. 고장 난 것은 아니다. 내가 일부러 건전지를 빼두었다. 그렇다고 이 시계가 늘 서 있기만 한 것은 아니다. 매년 내 생일이 되면, 18분씩 앞으로 시계 바늘을 옮긴다.

2. 서른, 금방 온다.

다들 하는 부전공이나 복수전공에 필요한 학점을 채우려면 4년 만에 대학 졸업하기가 쉽지 않다. 더구나 요즘에 어학연수, 인턴, 아르바이트 등 취업에 필요한 경험과 '스펙'을 만들어줘야 한다. 그러자니 한두 학기 휴학은 기본이다. 남학생들은 군대도 다녀와야 한다. 혹시 재수를 했거나 편입, 전과를 한 경력이 있다면 다시 1-2년 추가한다. 졸업 후에 고시나 유학 준비한다고 여기저기 학원 좀 다니다 정신 차려보면, 금방 서른이다.

3. 이런 결정을 한 이유

그가 이런 결정을 한 이유는 딱 하나다. 대학에서 후학을 가르치고 싶다는 열망 때문이다. 박사를 받기까지 오랫동안 조교생활을 해봤기에, 교수가 실상 그다지 매력 있는 직업이 아니라는 것을 그도 잘 알고 있다. 하지만 강단에 서서 학생들에게 자신의 지식을 나누어줄 때의 희열을 누구보다도 잘 알기에, 그는 그토록 바보 같은 결정을 했던 것이다.

4. 국제도시 서울

서울은 한국의 중서부에 위치하고 있으며 한국의 전통문화와 현대 문화가 공존하는 수도로서 세계에서 10번째로 큰 도시이다. 서울에는 수백 년 전에 지어진 고궁, 성문, 성곽과 함께 찬란한 옛 유물을 전시하는 박물관이 있다. 빌딩숲과 그 사이를 오가는 자동차의 모습도 서울의 현재를 잘 드러내는 풍경이다. 인구 1,000만 명이 넘는 서울은 정치, 경제, 문화, 교육, 행정 등 모든 부문에서 중추적인 역할을 담당하고 있다.

5. 5.18광주민주화운동

1979년 10월 26일 박정희 대통령이 암살된 후 (10.26사건) 권력이 공백상태가 되자 새로운 권력의 중심부로 신군부가 등장했다. 이들의 등장에 정면으로 저항하며 민주주의를 지키기 위해 전국적으로 시위를 했는데 이때 신군부와 광주 민중 사이에 벌어진 무력 충돌이 1980년 5월의 광주민주화운동이다. 이때 총으로 무장한 군부에 맞서 죽음으로 저항했던 광주 민중의 엄청난 희생이 있었고 이것은 1980년 이후 현재까지 한국 구석구석까지 영향을 미칠 만큼 중요한 사건으로 기록되고 있다.

6. 한중교류의 교두보, 중국센터

계명대학교는 중국과의 교류 협력을 특성화하기 위하여 2004년부터 중국센터를 설립하여 운영하고 있다. 중국센터는 중국 각 지역 66개 대학 및 기관과 협약을 체결하여 활발히 교류활동을 전개함으로써 양국 간 상호 우호를 증진하는 교두보 역할을 하고 있다. 2012년 현재 학부생 700명을 포함하여 약 900여 명의 중국인 유학생들이 어학과정, 학부과정, 대학원과정 등에서 수학하고 있다.

7. 생신을 진심으로 축하드립니다.

존경하는 이선생님! 생신을 진심으로 축하드립니다. 소중한 분들과 함께, 오늘 하루 즐겁고, 행복한 생신이 되시기를 진심으로 기원합니다. 앞으로도 사학연금에 대한 변치 않는 관심과 사랑을 부탁드리며, 선생님의 걱정 없는 노후를 위해 최선을 다할 것을 약속드립니다. 감사합니다. 사학연금 1588-4110

8. 조금만 잘라 주세요.

중국에서 2년 동안 공부하면서 나는 여러 차례 미용실에 갔습니다. 다음에 내가 머리를 잘랐던 경험을 한번 이야기해 보겠습니다.

어느 날 나는 머리를 자르러 미용실에 갔는데 미용사는 나에게 여러 가지 헤어스타일이 담긴 책 한 권을 건네주면서 한 가지를 고르라고 했습니다. 나는 미용사에게 헤어스타일이 바뀌는 것을 원하지 않으니 지금 모양대로 잘라 달라고 '剪短一点儿'(좀 짧게 잘라 주세요.)이라고 말했습니다. 미용사는 내말을 듣고 곧 자르기 시작했고 금세 짧게 잘랐습니다. 나는 거울에 한번 비춰보니 너무 짧은 것 같아서 미용사에게 잘못 잘랐다고 말했습니다. 미용사는 자신이 잘못 자른 것이 아니라고 했습니다. 왜냐하면 '剪短一点儿'은 '좀 짧게 잘라주세요.'라는 말이었기 때문입니다. 나는 내 말의 뜻은 '잘라내는 머리카락은 좀 짧게, 머리에 남겨두는 머리카락은 좀 길게' 하였다고 말했습니다. 미용사는 (내말을)듣더니 웃으며 말했습니다. '少剪一点儿(조금만 잘라 주세요.)' 혹은 '留长一点儿(좀금만 길게 만겨주세요.)'이라고 말했어야죠.

9. 내가 냉장고 문을 볼 시간이 어디 있어요?

우리 집은 세 식구입니다. 남편은 대학교수이고, 나는 회사에서 엔지니어로 일합니다. 우리 아이는 작년에 대학에 입학했고, 교내 학생 기숙사에서 지내다 주말에만 돌아옵니다. 평소 집에는 나와 남편 둘만 있습니다.

우리는 둘 다 일이 몹시 바빠서 물건을 사고 저녁을 하는 일이 늘 골칫거리입니다. 최근 나와 남편은 상의 끝에 저녁은 내가 하고, 슈퍼마켓에 가서 물건을 사는 일은 남편이 하기로 했습니다. 이렇게 분담하면 간단할 것 같았지만, 내가 저녁을 하려고 보면 냉장고 안에 아무것도 없는 경우가 여러 번 있었습니다. 그 뒤로 나는 한 가지 방법을 생각해 냈는데, 냉장고 안의 음식을 다 먹으면 '슈퍼마켓에 가야겠네요.'라고 메모지에 써서 그 것을 냉장고 문에 붙이는 것이었습니다. 그런데도 저녁을 할 때 냉장고 안에 아무것도 없었습니다. 내가 남편에게 어떻게 된 거냐고 묻자 남편이 말했습니다. "내가 냉장고 문을 볼 시간이 어디 있어요?"

10. 제때에 숙제를 제출해야 합니다.

나는 보통 저녁 여덟 시에 숙제를 시작합니다. 숙제를 마치면 목욕을 한 다음 침대에 누워 잠을 잡니다. 그런데 오늘은 아직 풀지 못한 연습 문제가 하나 남았는데 벌써 졸렸습니다.시계를 보니 막 아홉 시가 지났는데, 어쩌죠? 내일 또 선생님께 숙제를 제출해야 하는데 말입니다. 나는 화장실로 가 세수를 했지만, 의자에 앉자마자 또 졸렸습니다. 하는 수 없이 옷을 벗고 침대에 누웠고, 눕자마자 잠이 들었습니다. 열한 시쯤, 나는 갑자기 텔레비전의 축구경기 소리가 시끄러워 잠에서 깼습니다. 나는 룸메이트에게 말했습니다. "제니야, 텔레비전 소리를 좀 줄여 줄래?" 제니는 "내가 아니라 옆방 사람들이 보고 있어. 나는 숙제하고 있잖아."라고 말했습니다. 내가 "미안해. 아직 풀지 못한 문제가 몇 개나 남았어?"라고 묻자 제니는 "마지막 한 문제 남았어."라고 말했습니다. 내가 "벌써 열한 시가 넘었으니 그만하고 제때 자는 게 좋겠어."라고 하자 제니가 말했습니다. "우리 선생님은 매번 숙제를 내 줄 때마다 '제때 숙제를 제출해야 합니다."라고 하지 '제때 자야 합니다.'라고 하지 않잖아."

11. 투금탄 이야기

이억년 · 이조년 형제가 같이 길을 가다가 황금 두 덩어리를 주어 서로 나누어 가졌고 난지도에서 배를 타고 한강을 건너 가다가 공암진에 이르러 아우 조년이 갑자기 황금덩어리를 강물에 던졌다. 형이 그 까닭을 물은 즉, 동생이 말하기를 "저는 평소 형님을 공경해 왔는데 오늘 이 금덩이를 나누어 가진 뒤로 형을 시기하는 마음이 생겨 이 금덩이가 상서롭지 못하다는 것을 깨닫고 강물에 던졌습니다."고 말했다. 형도 "너 말이 정말 옳다."고 말하고 금덩이를 강물에 던졌다.

이는 형제의 우애가 황금보다 더 소중함을 일깨워주는 신화로 황금만능 시대를 살아가는 현대인에게 큰 교훈을 던져주고 있다.

초등학교 국정교과서에 실려 있고 강서구 우장산 공원과 성주의 봉산재 옆 뜰에 비석이 세워져 있다.

12. 성주이씨 유래

시조 신라 재상 휘(諱) 순유(純由) 공께서 신라 말엽에 이곳 성주로 은거해 사셨다. 중시조공으로 모시고 있는 성주 호장 휘 장경께서는 시조공의 11대손으로 5남1녀를 두었는데 장남은 밀직사사 정절공 백년, 차남은 참지정사 원사추봉 농사군공 천년, 삼남은 문하시중 숙헌공 만년, 사남은 개성유수 요산재공 억년, 오남은 정당문학 문열공 조년이시다. 다섯 아들 모두 과거에 급제해 나라에 공헌함으로써 성주이씨를 크게 일으키셨다. 손자 승경이 중국 요양성 참지정사가 되어 큰 공을 세워 황제로부터 농서군으로 봉군되고 위 2대도 농서군에 추봉되어 한때는 농서이씨로 부르기도 하다가 이 후 본 향의 지명에 따라 성주이씨로 되었다.

이렇게 이어져온 성주이씨의 후예들은 고려조와 조선조를 거치며 훌륭한 인재들이 수없이 배출되었다. 중시조공으로부터 8세에 이르기까지 문형(국립대총장 격): 8명, 종묘에 배향선조: 5명, 봉작(직위부여): 11명, 상신(장관 총리급): 5명, 부마(왕의 사위): 2명, 식읍(조세를 받는 사람): 5명, 과거급제자: 75명 등 많은 인물들이 나라 발전에 크게 이바지하고 명문대가로 이어졌다.

현재 성주이씨의 인구는 약 20만 명 6만 가구로 115개 이씨 본 중 세 번째의 대 문중으로 각계에서 국가와 사회를 위하여 활약하고 있다.

二、将下列警告、公告、通知、启事、请柬等译成汉语。

1.

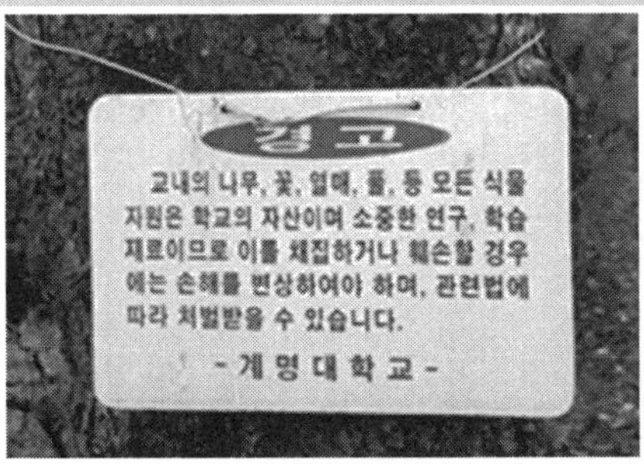

2.

3.

4.

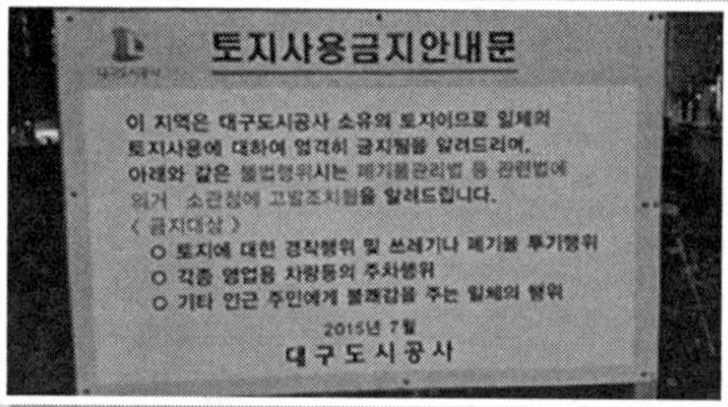
토지사용금지안내문
이 지역은 대구도시공사 소유의 토지이므로 일체의
토지사용에 대하여 엄격히 금지됨을 알려드리며,
아래와 같은 불법행위시는 폐기물관리법 등 관련법에
의거 소관청에 고발조치됨을 알려드립니다.
〈 금지대상 〉
○ 토지에 대한 경작행위 및 쓰레기나 폐기물 투기행위
○ 각종 영업용 차량등의 주차행위
○ 기타 인근 주민에게 불쾌감을 주는 일체의 행위
2015년 7월
대구도시공사

5.

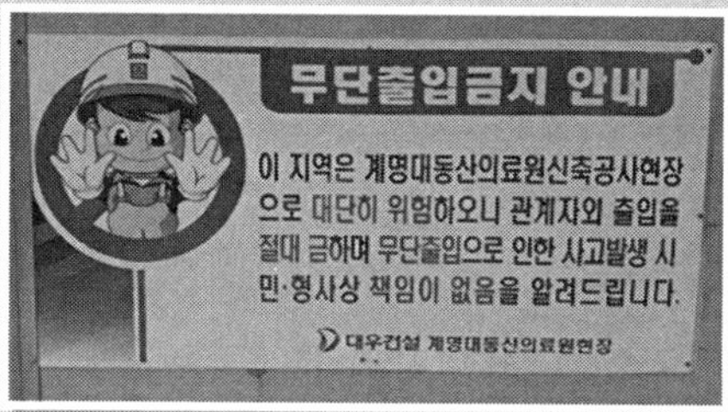
무단출입금지 안내
이 지역은 계명대동산의료원신축공사현장
으로 대단히 위험하오니 관계자외 출입을
절대 금하며 무단출입으로 인한 사고발생 시
민·형사상 책임이 없음을 알려드립니다.
대우건설 계명대동산의료원현장

6.

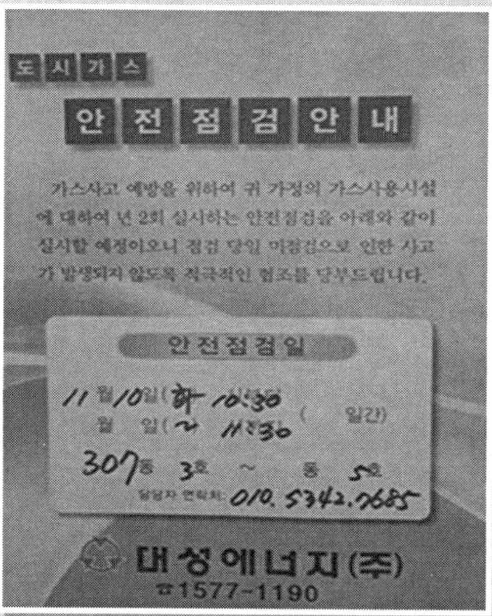
도시가스
안전점검안내
가스사고 예방을 위하여 귀 가정의 가스사용시설
에 대하여 년 2회 실시하는 안전점검을 아래와 같이
실시할 예정이오니 점검 당일 미점검으로 인한 사고
가 발생되지 않도록 적극적인 협조를 당부드립니다.
안전점검일
11 월 10 일(화 10:30
월 일(~ 11:30 (일간)
307동 3호 ~ 동 5호
담당자 연락처: 010. 5342. 7685
대성에너지(주)
☎1577-1190

7. 가방을 찾습니다.

columbia 검은색 등산가방입니다. 제가 공부한 책이 들어 있습니다. 2013년 10월 7일 08:30~09:00 사이에 이곳에서 습득하셔서 보관하시고 계신 분께서는 연락 부탁드립니다. 사례하겠습니다.

연락처 010-4945-5052

8. 결혼 청첩장

소망과 축복 속에서 기쁨으로 이루어지는 날, 저희 두 사람이 하나가 될 뜻 깊은 날을 맞게 되었습니다. 소중하고 힘찬 내디딤이 될 수 있도록 꼭 오셔서 축복해주세요.

아름다운 인연 사랑하며 살겠습니다.

박○○ · 이○○

일시: 2012년 12월 22일 (토요일) 낮 11시

장소: 대구호텔 2층 안단테홀 (대구시 서구 내당동 245-9, 연락처: 053-603-0500)

三、修改下列译文中的错误。

1. 늘 '오늘'이 중요해요. 오늘 할 일을 내일로 미루지 말라, 뭐 이런 차원이 아니야.

   译文: 今天很重要, 但是不仅仅局限于今天该做的事情不要拖到明天去做。

2. 필기시험을 잘 치르기는 했지만 명문대 출신도 아니고, 학점도 좋지 않고, 전공자도 아니어서 합격시키기에는 선뜻

마음이 내키지 않았다.

译文: 他的首轮笔试成绩十分优异, 但由于不是名牌大学出身, 学分不高, 而且是外专业学生, 所以, 底气难免有些不足。

3. 중요한 것은 어떤 출발을 했느냐가 아니라, 앞으로 남은 수많은 인생의 걸음들을 어떻게 걸어 나갈 것인가에 있다.

译文: 可能开始时, 你并没有赢在起跑线上, 没关系, 关键在于, 在今后的漫长人生跑道中, 你将采用何种战术, 坚持到终点。

4. 중요한 건 당장의 수입이 아니라 평생을 통해 이루야 할 자신의 꿈이기 때문이다.

译文: 比起眼前立竿见影的利益, 为了整个人生的梦想而奋斗, 才是长远的着力点。

5. 책 한 권 쓸 수 있을 만큼의 작가 같은 글 솜씨를 가지라고 말하는 것은 아니지만, 그렇다고 키보드를 두드린다고 모두 글이 되는 것은 아니라는 사실쯤은 알아야 한다.

译文: 我并非是要你的写作水平一定要达到作家出书的水准, 只是想让你知道, 用键盘敲打出文字也要像个文章。

6. 또 공직자가 이해관계가 없는 업무를 맡지 못하도록 하는 이해충돌 방지 조항과 국회의원이 적용 대상에서 '쏙'빠지면서 당초 취지에서 벗어난 누더기법이 됐다는 비판이 나왔다.

译文: 此外, 随着禁止公职人员承担没有利害关系的业务的利害冲突防止条款和国会议员从适用对象中退出, 有人批评这一脱离初衷的法律已经千疮百孔。

四、改正汉语表达错误。

1. 更正启事

1) 关于韩亚航空着陆事故报道的更正启示

本网站在7月8日题为“旧金山着陆事故客机操作师为仅有43小时B777飞行经历的副机长”的报道中，将飞机驾驶员李强国(音)机长错报为副机长。《中央日报》中文网对此失误表示道歉，再次向读者和当事人及相关人士表示深深的歉意。

《中央日报》中文网

2. 留学生发言稿

大家好！

金秋送爽，丹桂飘香。今天迎来了第一届中韩交流活动，在此，我谨代表中国留学生会，向精心筹备本次活动的工作人员、中国语文学科教授，中国语文学科的同学们以及支持我们的中国中心和中国孔子学院向他们表示诚挚的谢意，向全体参加人员表达亲切的问候和良好的祝愿。同时通过此次活动能够增进中韩之间的友谊，更能够深切的了解两国文化，促进两国文化的发展，最后，预祝活动圆满结束，度过美好的一天。谢谢大家！

3. 公务函

某某大学负责人:

您好!

首先非常感谢您所给予的关心与支持!.

今天将通过书信的形式向您说明下, 在留学签证申请时韩国法务部相关规定的变更事项 。

自2013年7月1日起, 申请留学签证时所提交的银行存款证明书的开立日期与我校向法务部提交材料的日期相距必须是30日以内(自我校的申请在法务部接收日起)。今年起, 我校计划于7月19日向大邱出入境管理所提交申请。所以, 本次提交的银行存款证明书的开立日期必须是6月20日以后。作为参考, 开立日期指的是补办银行存款证明时的日期, 而与冻结日期不同, 希望不要混淆。

此外, 此次申请签证的学生中, 如若还有学历认证书, 毕业证(原件), 户口本(原件)没有提交的学生, 那么请一定于7月18日前与补办的银行存款证明书一起邮寄至我校。由于我校的所有外国学生的签证一起办理, 所以如若有几名学生的签证材料迟到, 则会影响到其他学生签证材料的申请。基于以上几点, 我校无法等待材料不足的学生, 请您一定在规定日期前将学生的材料邮寄至我校。

无论与否, 期待以后的持续合作

谢谢

○○大学中国中心

第三章 韩中翻译方法和技巧(上)[1)]

要想使韩中翻译保质保量，除了要充分理解韩汉两种语言的基本特点、差异以及二者之间各种对应关系以外，还要掌握一些具体的方法和技巧。

下边介绍一些常用的韩中翻译方法。

第一节 变位法

变位法就是将韩国语中处于某个句法位置上的成分改变到汉语中与其不同的句法位置上的方法。这是韩中翻译中最为常用的方法。

如前文所说，韩国语和汉语谓词性短语中心语的位置存在明显不同，所以，为了适应汉语句法上的需要，在韩译汉时必须得利用变位法才能准确翻译韩国语的某些谓词性短语所表达的意思。如韩国语述宾短语中宾语位于述语之前，汉语的述宾短语中宾语位于述语之后，因而将韩国语的述宾短语谓语句翻译成汉语的时候，必须用变位法进行位置变换。例如：

1) 本章内容主要参考李铁根(2016)。

(1) 누굴 찾으세요?

译文: 您找谁?

(2) 그는 한국음식이 중국음식보다 훨씬 맛있다고 말했다.

译文: 他说韩国饮食比中国饮食好吃多了。

(3) 여러분들의 연구가 우리나라의 국가경쟁력 뿐만 아니라 한중관계의 발전에 크게 공헌하리라는 것을 믿어 의심치 않습니다.

译文: 我深信, 各位学者的研究不仅有助于提高我国竞争力, 而且有助于大大推动韩中关系的发展。

韩国语复杂长句中常常包含不止一个述宾短语, 他们分别出现在谓语、定语、状语等句法位置上, 翻译这类复杂的句子时更要注意分别移动宾语的位置。例如:

(4) 시간이 허락하는 교수님들께서는 꼭 참석하시어 훈훈한 기운과 함께 인문국제학대학의 끈끈한 정을 한아름 가져가시길 바랍니다.

译文: 希望有时间的教授都来参加, 感受人文国际学院温暖的氛围和深厚的情谊。

(5) 저는 이러한 성과를 이룰 수 있었던 가장 큰 요인이 한중 양국의 젊은 세대들이 서로 상대방의 언어를 배우고 익혔던 사실에 있었다고 봅니다.

译文: 我认为, 韩中两国年轻人相互学习并掌握对方的语言, 是取得这些成就的重要因素之一。

(6) 이번 대회를 통해서 참가 학생들뿐만 아니라 이로 인해 한

국어에 관심을 가지게 된 중국 학생들은 한국에서 중국어를 배우고 있는 한국 학생들과 함께 미래 한중 양국의 교류와 협력을 확대하는 귀중한 동량이 될 것을 믿어 의심치 않습니다.

译文: 我深信, 通过此次比赛, 不仅是参赛学生, 所有因此次活动对韩国语发生兴趣的中国学生与学习中国语的韩国学生未来都将成为扩大中韩两国交流合作的栋梁之材!

例(3) 是个述宾短语谓语句, 宾语由述宾短语充当谓语的主谓短语充当。例(4) 全句是述宾短语谓语句, 宾语中又包含两个偏正短语, 一个偏正短语的定语由述宾短语"取得成果"充当, 另一个偏正短语的定语由述宾短语充当谓语的主谓短语"韩中两国年轻人相互学习并掌握对方的语言"充当。例(5) 全句是个述宾短语谓语句, 宾语由述宾短语充当谓语的主谓短语充当, 这个宾语中又包含一个由述宾短语充当定语的偏正短语"对韩国语发生兴趣的中国学生", 还有一个处于状语"和学习中国语的韩国学生一起"中由述宾短语充当定语的偏正短语"学习中国语的韩国学生"。

变位法除了可以满足结构上的需要以外, 还可以满足修辞上和篇章表达上的需要。

某些韩语句子中的成分译成汉语时可以有不同的位置, 基本意义相同, 但强调重点不同, 译者须根据上下文表义上的需要进行变位处理。如"영희와 정민이는 어제 공원에 놀러 갔다."既可以译成"英姬和正民昨天去了公园。"又可以译成"昨天英姬和正民去了公园。"前者强调施事者, 后者强调时间, 译者必须根据上下文表达重点进行选择。

在段落篇章翻译时，有时为了使译文前后衔接更加自然，或为了使语义表达更加通顺流畅，可以利用变位法对原文中的某些词语进行前后调换。例如：

(7) 한 여우가 길을 가다가 탐스러운 표도를 발견했는데, 아무리 노력을 해도 먹을 수 없으니까 "저 포도는 분명히 시어서 못 먹을 거야!" 하고 스스로를 위안했다고 이솝 우화는 전한다.
译文：有这样一个伊索寓言。有一只狐狸走着走着，看到了一串很诱人的葡萄，但是不管怎么努力都吃不到，所以它就自我安慰说："那葡萄肯定是酸的，不能吃！"
(8) 소망이 축복 속에서 기쁨으로 이루어지는 날, 저희 두 사람이 하나가 될 뜻 깊은 날 을 맞게 되었습니다. 소중하고 힘찬 내디딤이 될 수 있도록 꼭 오셔서 축복해주세요.
译文：我们合二为一、具有深远意义的大喜之日即将到来。愿望在祝福的喜悦中才能得以实现，为使我们能有一个充满活力并值得回忆的开始，恳请您光临并予以祝福。

例(7)汉译文将"伊索寓言"由原文的最后移到译文中的前边，采取先总说，后分说的叙述方式，文脉更加清晰，也更便于读者理解。例(8)用直译的方法很难用汉语流畅地表达原文的意思，利用变位法将"愿望在祝福的喜悦中才能得以实现"由原文的第一句移到译文的第二句的开头，既符合汉语的表达习惯，又表现了原文的基本内容。

此外，韩国语某些短语的组合习惯与汉语不同，翻译时也需要进行变位处理，比较：

韩国语	汉语
북서풍	西北风
주중한국대사관	韩国驻华大使馆
국가 대표 축구 팀	国家足球代表队
반기문 유엔 사무총장	联合国秘书长潘基文
손학규 전 의원	前议员孙鹤圭

第二节 拆分法

拆分法是根据汉语的表达习惯把韩国语一个句子拆分成两个以上的句子来翻译的方法。这是翻译韩国语复杂长句最常用的也是最有效的方法。

韩国语是黏着语, 可以通过各种词尾表达不同的语法关系, 因此尽管句子结构复杂, 但句法关系明确。但汉语缺乏形态变化, 韩国语靠词尾表示的复杂的句法关系有时用直译法对译, 会遇到很大的困难, 即使勉强译出, 也不符合汉语表达习惯, 所以选择拆分法处理是最为明智的。尤其是韩国书面语中常见的长定语句、长状语句, 更适于用拆分法来翻译, 将其中的定语或状语分离出来, 使其独立成句, 以便理解。例如:

(1) 훌륭한 교수인 우리 어머니는 교육 사업에 평생을 바쳤다.

译文a. 作为优秀的大学教授的我母亲把一生都献给了教育事业。

译文b. 母亲是一位优秀的大学教授, 她把一生都献给了教育事业。

(2) 서울은 한국의 중서부에 위치하고 있으며, 한국의 전통문화와 현대문화가 공존하는 한국의 수도로서 세계에서 10번째로 큰 도시이다.

译文a. 位于韩国中西部的韩国首都首尔是韩国传统文化和现代文化共存的世界第十大城市。

译文b. 首尔是韩国的首都, 位于韩国中西部, 是韩国传统文化和现代文化共存的世界第十大城市。

比较译文a和译文b不难看出, 译文a虽然忠实于原文, 但结构复杂, 理解难度大；b句则将原句拆成两句或三句来表达, 既符合汉语表达习惯, 又保持了原意。

下面这三个长句中或包含复杂的定语, 或包含复杂的状语, 如果直译, 必定晦涩难懂, 将其分成几个分句或几个单句来翻译, 则更符合汉语表达习惯, 也更便于理解:

(3) 우리학교에 재학 중인 중국유학생들과 중국어문학과 학생을 비롯한 교내 중국어 학습자들이 만들어 내는 이번 행사가 이러한 미래의 돈독한 동반자 관계 구축을 위한 작지만 의미 있는 한중교류의 장이 될 것을 믿어 의심치 않습니다.

译文: 我深信, 这次我校中国留学生和中国语文学系学生及校内汉语学习者共同组织的这次活动, 也是为构筑这样的未来的深层伙伴关系的一次活动, 虽然规模不大, 但是它一定会成为有意义的韩中交流的平台。

(4) 또한 항상 한국을 생각하시고 한국문화, 특히 한글의 우수성과 중요성을 깊이 인식하시어 곡부사범대학 학생들을 대상으로 한국어 말하기 대회를 개최하고 계시는 곡부사범대학 동방언어 및 번역대학 관계자분들에게 이 자리를 빌려 깊은 감사의 마음과 최고의 존경을 보내드리는 바입니다.

译文: 曲阜师范大学东方语言和翻译学院的老师们重视韩国和韩国文化, 尤其对于韩国语的卓越性与重要性有着深刻的理解。这次你们又以全校学生为对象举行韩国语演讲大赛, 意义非凡。借此机会, 我要对你们表示崇高的敬意和诚挚的谢意。

下面两个句子中则既有复杂的定语又有复杂的状语, 结构异常复杂, 实在难以用汉语的一个句子来翻译, 只能化整为零, 一分为二或一分为三:

(5) 이 지역은 대구도시공사 소유의 토지이므로 일체 토지사용에 대하여 엄격히 금지됨을 알려 드리며, 아래와 같은 불법행위는 폐기물관리법 등 관련법에 의거하여 소관청에 고발 조치를 알려드립니다.

译文: 这块土地归大邱城市建筑公司所有, 严禁一切擅自使用土地的行为。如发生如下所示的非法行为, 我们将根据废物管理法等相关法律向有关部门进行投诉。

第三节 添加法

为了让读者能充分理解原文内容，在翻译过程中把韩国语句里没有的或者没有表面化的内容，在译文中通过添加词语的方式表现出来，这种方法叫添加法。

常见的有以下几种：

一、译文中添加名词或代词

在译文中添加适当的名词或代词以使文句更加明白通顺。例如：

(1) 박사를 받기까지 오랫동안 조교생활을 해봤기에, 교수가 실상 그다지 매력 있는 직업이 아니라는 것을 그도 잘 알고 있다.

译文：在进修博士学位时在学校里做过助教，因此他也很明白教授职业实际上并不是那么有魅力的职业。

(2) 다들 하는 부전공이나 복수전공에 필요한 학점을 채우려면 4년 만에 대학 졸업하기가 쉽지 않다.

译文：想要4年之内将辅修专业或双专业所需的学分修满并顺利毕业，并不是一件容易的事情。

(3) 그를 원망하고 미워한들 무슨 소용이 있겠는가?

译文：现在埋怨他、恨他有什么用？

例 (1) 译文中添加了名词"学位"，例 (2) 译文中添加了名词

"事情", 例 (3) 中译文中添加了一个人称代词"他"。添加后句子内部词语之间的关系更加清楚, 也更容易让人理解。

二、译文中添加动词

在译文中添加适当的动词以使文句更加明白通顺。例如:

(1) 맥주는 역시 여름철이 제격이다.
译文: 喝啤酒最好的季节还是夏天。
(2) 졸업 후에 고시나 유학 준비한다고 여기저기 학원 좀 다니다 정신 차려보면, 금방 서른이다.
译文: 毕业后为了考试或准备留学, 再去几个学院进修进修, 等回过神来一看, 很快就到三十岁了。
(3) 보도에 따르면, 당 중앙선전부는 최근 각 지방정부에 "각급 지도자들은 시진핑 동지가 이끄는 당 중앙에 대해 공개적으로 발언할 때 전면적이고 명확하면서 규범에 맞게 말해야 한다"며 "그 내용을 임의로 덧붙이고 고쳐서는 안 된다"는 내용을 하달했다.
译文: 报道称, 党中央宣传部最近向各地方政府下达指示要求"各级领导对习近平同志领导的党中央公开发言时, 应全面、明确并符合规范", "不能随意添加、修改其内容"。

例(1) 中添加了动词"喝", 例(2) 译文中添加了动词"到", 例(3) 中译文中添加了动词"要求"。

三、添加短语

有时在译文中添加适当的短语可以使文句更加明白通顺，更符合汉语的表达习惯。例如：

(1) 예쁜 얼굴의 아가씨가 문 앞에 서 있었다.

译文：门口站着一位漂亮的小姐。

(2) 앞으로도 사학연금에 대한 변치 않는 관심과 사랑을 부탁드리며, 선생님의 걱정 없는 노후를 위해 최선을 다할 것을 약속드립니다.

译文：以后还望您一如既往地支持和爱护史学年金，我们保证尽最大努力帮您获得老后幸福的生活。

(3) 위 학생은 평소 품행이 단정하며 특히 노력부문에서 다른 사람의 모범이 되므로 학생독립운동기념일을 맞이하여 이 표창장을 드립니다.

译文：该生平时品行端正，尤其在用功方面堪称其他同学的楷模，值此学生独立运动纪念日到来之际，特发此状，以资鼓励。

例(1) 译文中添加了数量短语"一位"，例(2) 译文中添加了定中偏正短语"幸福的生活"，例(3) 中译文中根据汉语习惯添加了状中短语"以资鼓励"。

比较下面这个照片标题的译文，a句尽管已经添加了定中偏正短语"八国首脑"，但遗漏了重要信息"朴谨惠总统"，显然不如b句表义完整：

(5) 제7차 세계 물포럼 방문 기념

译文a. 世界第七届水论坛八国首脑访问留念

译文b. 朴谨惠总统与参加第七届世界水论坛的八国首脑访问启明大学时合影留念。

四、添加原文中省略的部分

如前文所述, 韩国语的主语人称代词或指示代词的省略程度远高于汉语, 不少句子如果按照韩国语句直译, 往往造成残缺, 必须补出才行。例如:

(1) 그는 오늘 공부하겠다고 말했다.

译文: 他说他今天要学习。

(2) 이십 년 가까운 세월을 함께 한 친구가 있었다.

译文: 我有一个交往二十年的朋友。

(3) 재작년에 있은 일이다. 어느 하루……

译文: 这是前年发生的事情。有一天……

下面这两个韩国语句中省略了不少词语, 韩译汉时往往需要补出省略的部分才能完整表达原文的含义:

(4) 바쁘실 텐데 미안해요.

译文: 在您百忙之中来打扰, 实在对不起。

第四节 同义替换法

同义替换法就是采取换词换句而译的方法，用一个同义词语或同义句表现原词语或原句的内容，以越过可译性障碍点，使语句更加通顺，更符合汉语的表达习惯。例如：

(1) 인구 1,000만 명이 넘는 서울은 정치, 경제, 문화, 교육, 행정 등 모든 부문에서 중추적인 역할을 담당하고 있다.

译文：人口超过一千万的首尔在政治、经济、文化、教育、行政等所有领域都发挥着关键作用。

(2) 그는 남대문시장에 가서 한복 한 벌을 샀는데 가격은 10만 원이다.

译文：他到南大门市场花10万韩币买了一套韩服。

(3) 조작버튼이나 비상스위치 등을 이용한 장난은 고장의 원인이 됩니다.

译文：乱按控制按钮或紧急开关会引发故障。

(4) 21세기 한국과 중국은 발전과 성장의 동반자가 되어야 한다는 점에는 이견이 있을 수 없습니다.

译文：毫无疑问，在21世纪韩国和中国应该共同成长，共同发展。

(5) 이주자대표회의 3월 임시회의 결과 관리방법을 위탁관리에서 자치관리로 의결하여 아래와 같이 입주민 찬, 반 동의를 받고자 하오니 경비원이 세대 방문시 많은 협조 바랍니다.

译文：在3月举行的临时居民代表会议讨论决定将管理方法由委托管理转换为自治管理，并决定实施如下所示的住户赞成与否的民意调查。在保安进行登门访问调查时，望住户居民多加配合。

例(1) 把“中枢”换成“关键”，用“作用”代替原文中的“角色”，用“发挥”代替原文的“担当”，即将原文的“担当中枢的角色”换成“发挥关键的作用”。例(2) 译文将“价格是十万韩币”这个主谓短语用同义的述宾短语“花十万韩币”替换。例(3) 韩文是一个判断句，汉译文则用一个同义的助动词谓语句表示原句内容。例(4) 韩文是一个表示有无可能的否定句，汉译文则用一个同义的助动词谓语句来表现原句内容，原句的否定意义用一个独立语“毫无疑问”来表示。例(5) 译文用“实施赞成与否的民意调查”替换原文中的“获得赞成和反对同意书”，表义更加明确，也更符合汉语习惯。

韩译汉时用同义的肯定句和否定句相互替换也属于同义替换的一种。

在语言应用中，同样一个意思，可以用肯定句来表达，也可以用否定句来表达。比较：

(6) a. 我无法答应他的要求。(否定句)
b. 我只能拒绝他的要求。(肯定句)

(7) a. 我必须得参加这次活动。(肯定句)
b. 我不能不参加这次活动。(双重否定句)

在韩译汉翻译过程中，为了使译文更加通顺流畅，有时我们可以根据表义需要把韩国语的肯定句译为汉语的同义的否定句或双重否定句，或把韩国语的否定句译为汉语同义的肯定句。例如：

(8) 우린 5년 만에 만났다. (肯定句)

译文：我们五年没见面了。(否定句)

(9) 부를 때까지 기다리고 있어. (肯定句)

译文：不叫你进来别进来。(双重否定句)

(10) 그 회사에는 가지 않겠다고 연락했습니다. (否定句)

译文：我已经拒绝了那家企业的邀请。(肯定句)

(11) 우리학교에 재학 중인 중국 유학생들과 중국어문학과 학생을 비롯한 교내 중국어 학습자들이 만들어 내는 이번 행사가 이러한 미래의 돈독한 동반자 관계 구축을 위한 작지만 의미 있는 한중 교류의 장이 될 것을 믿어 의심치 않습니다. (否定句)

译文：我深信，这次我们为我校中国留学生和中国语文学系学生及校内汉语学习者组织的这次活动，也是为构筑这样的未来的深层伙伴关系的一次活动，虽然规模不大，但是它一定会成为有意义的韩中交流的平台。(肯定句)

(11) 다들 하는 부전공이나 복수전공에 필요한 학점을 채우려면 4년 만에 대학 졸업하기가 쉽지 않다. (否定句)

译文：如今的大学生，短短四年时间里又是辅修，又是双学位，有时很难修满足够的学分顺利毕业。(肯定句)

(12) 그렇게 좁고 험난한 길을 사서 가는 바보 같은 결정을 내린 사람들이, 어느 순간이 되면 누구도 넘볼 수 없는 자리에 우뚝 서 있다.

译文：那些选择了布满荆棘、充满艰辛之路的人，或许在未来的某一时刻将成为众人仰视的榜样。

(13) 요즘 많이 개선됐다고는 하나, 특히 여성들은 가사와 육아를 병행하려면 극복해야 하는 장애가 한두 가지가 아니다.

译文: 现在尽管有了很大改善, 但是, 尤其是对于女性来说, 一方面要上班, 一方面要照顾家人, 仍然需要克服重重困难。

第五节 词类转换法和句子成分转换法

一、词类转换法

词类转换法是将韩国语中的某类词转换成汉语中的另一类词的翻译方法。

由于汉语和韩国语各有自己的词类系统, 各类词的功能也并不完全相同, 因此, 在韩中翻译过程中, 有些句子可以逐词对译, 有些句子则由于韩汉两种语言的表达方式不同, 无法逐词对译, 必须将某个词在译文中转换词类, 如名词和动词互换, 或名词和形容词互换, 才能使汉译文更通顺自然。例如:

(1) 누구든지 부탁을 한 번도 해본 일이 없다고 한다면 그것은 거짓말일 것이다.

译文: 如果一个人说从来没有求过别人, 那他肯定是在撒谎。

(2) 친구의 갑작스런 질문에 그는 어쩔 바를 몰라했다.

译文: 朋友突然一问, 他不知如何回答才好。

(3) 그들은 사회로부터 어떤 보수를 받기 위하여 분투했단 말인

가?

译文: 难道他们的奋斗就是为了换取社会给他们的报酬吗？

(4) 하지만 강단에 서서 학생들에게 자신의 지식을 나누어줄 때의 희열을 누구보다 도 잘 알기에, 그는 그토록 바보 같은 결정을 했던 것이다.

译文: 但是他更明白站在讲台前与学生分享自己知识时的那种喜悦, 所以才做出了这么愚蠢的决定。

以上4例译文根据汉语结构需要, 都做了词类转换处理。例(1) 中"거짓말"和例(2) 中的"질문"是名词, 在译文中换成动词"撒谎"和"问", 例(3) "분투했단"是动词, 在译文中换成名词化的"奋斗", 充当定中短语的中心语。例(4) 中的"바보"("傻子")是名词在译文中换成汉语与"傻"同义的形容词"愚蠢"。

二、句子成分转换法

句子成分转换法是将韩国语的某个句子成分转换为汉语中的另一个成分的方法。使用这种方法的一个目的是适应汉语语法结构的要求。如前文所说, 韩国语相当一部分状语与汉语中的补语相对应, 因此在韩译汉时必须将韩国语中这类状语转换为汉语的补语才能表达原文的意思。显然, 这种转换满足了汉语结构上的要求, 具有强制性。如表示动作次数和持续时间的状中短语的动量状语和时量状语与汉语的补语相对应, 因此在翻译这类状中短语时必须利用句子成分转换法将其转换成汉语的补语, 同时还要利用变位法将其在句中的位置由动词之前移到动

词之后。例如:

(1) 오전만 해도 두번이나 너를 찾았다.

译文: 我上午就找过你两次。

(2) 그는 미국에서 십여 년 간 살았다.

译文: 他在美国生活了十来年。

以上两例原文中"두번"、"십여 년 간"都是做状语, 在汉语译文中则都转换成补语, 以适应汉语表义和结构需要。

下面是定语和状语相互转换的例子:

(3) 행동계획을 주도면밀하게 작성했다.

译文: 我们制定了周密的行动计划。

(4) 돌연한 회오리바람에 놀란 사람들은……

译文: 突然刮起飓风, 人们怕得……

例(3) 原文中的"면밀하게"是状语, 在译文中的"周密"充当定语。例(4) 中的"돌연한"是定语, 在译文中的"突然"则充当状语。

使用句子成分转换法的另一个目的是为了更好地表现原文内容, 以使其更符合汉语的表达习惯。例如:

(5) 우리들이 신청한 것이 허가되었다.

译文: 我们的申请被批准了。(定语——主语)

(6) 그것은 무어라 형용하기 어려운 고통이었다.

译文: 这种痛苦难以用语言来形容。(谓语——主语)

例(5) 中的"신청한"是动词"신청하다"(申请)的定语形式, 如果直译为"我们申请的东西被批准了"尽管也可以, 但不符合汉语的表达习惯, 将"申请"转换为汉语句中的主语中心语则更为合适。例(6) 原文中"고통이었다"在句中充当谓语, 很难直译成"痛苦"充当谓语的主谓句, "痛苦"以主语形式表现则可以如实反映原文内容。再如:

(7) 서울에는 수백 년 전에 지어진 고궁, 성문, 성곽과 함께 찬란한 옛 유물을 전시하는 박물관이 있다.

译文: 在首尔有数百年前建造的故宫、城门、城堡, 还有再现灿烂文明的古代文物博物馆。(宾语——定语, 主语——宾语)

例(7) 中"유물"在原文中充当宾语, 在译文中"文物"充当定语, "박물관"在原文中充当主语, 译文中"博物馆"充当宾语。

第六节 合并法和省略法

一、合并法

合并法是把原文中的两个句子合起来翻译的方法。具体来说就是把韩国语中的两个独立的句子译成汉语一个单句或复句, 以使句子表达更加简练。例如:

(1) 그는 잘 알고 있었다. 이번이 마지막이었다.

译文: 他知道这是最后一次见面。

(2) 그가 이런 결정을 한 이유는 딱 하나다. 대학에서 후학을 가르치고 싶다는 열망 때문이다.

译文: 他做出这样的决定只有一个理由, 就是他愿意在大学里教书。

(3) cooumbia 검은색 등산가방입니다. 제가 공부하는 책이 들어 있습니다

译文: 这是一个哥伦比亚黑色登山包, 里边有我的学习用书。

(4) 그녀는 소리 없이 떠나갔다. 만날 면목이 없었던 것이다.

译文: 她悄悄地离开了, 因为没有脸面再见他。

(5) 너 취직 못하는 거, 그거 너의 책임 아니야. 국가적인 문제야.

译文: 找不到工作不是你的错, 是国家问题。

(6) 또 한국 LH와 포스코 건설은 이란 교원연기금공사와 함께 테헤란에 한류 문화복합공간인 'K-타워'를 설립하기로 합의했다. 이란 내 한류 문화 확산과 비즈니스 활성화의 거점 공간을 확보하기 위한 것이다.

译文: 此外, 韩国LH和POSCO建设公司与伊朗教师退休基金建筑公司协商决定在德黑兰共建韩流文化综合中心"K-Tower", 使其成为促进伊朗的韩流文化和商业活动的中心。(Ontario Teachers' Pension Fund)

二、省略法

为使译文更加简洁明了, 有意在译文中省去原文中的某些词语, 这种翻译方法叫省略法。使用这种方法的前提条件是译文

在省略某些词语后仍能完整地表达原文的意思。例如:

(1) 그가 가장 소중히 여기는 것은 시간이다.

译文: 他最珍惜的是时间。

(2) 1988년도에 있은 서울 올림픽……

译文: 1988年首尔奥运会……

(3) 외국어를 잘 하기 위해서는 기능적인 학습법보다 훨씬 중요한 선행조건이 있다.

译文: 学好外语有一个先决条件, 它比技能性学习方法更为重要。

(4) 제1회 啓明韓中 교류한마당 개최를 축하합니다

译文: 第一届启明韩中交流大联欢祝贺词

一定要注意省略与漏译的区别。

省略是在不减少原文信息的基础上省略一些不说自明的词语, 省略之后丝毫不影响原文信息的准确传达, 而漏译则是指漏掉了某些原文所表达的内容, 省略之后减少了原文信息量。因此, 不能把省略法当作漏译的借口。下面各例的译文a都属于漏译句, 不能说是省略句:

(5) 막연하게 상상만 할 것이 아니라 한번 계산기를 들고 셈해보자.

译文a. 我们不妨拿出计算机计算一下。

译文b. 别做笼统模糊的想象了, 让我们用计算器来算一下吧。

(6) "김일성 생일날 새벽 동사무소에 게양된 북한국기가 감쪽같

이 사라져…함경북도 발칵”

译文a. 金日成诞辰日发生朝鲜国旗神秘消失事件

译文b. 金日成诞辰日洞事务所悬挂的国旗神秘消失——咸镜北道鸡犬不宁

(7) 명보에 따르면, 중국 인터넷에서는 지난해부터 ‘시진핑을 지지하자’ ‘시집을 가려면 시다다 같은 사람에게 가라’는 등의 노래가 유행하고 있다.

译文a. 据《明报》报道, 去年起《要嫁就嫁习大大这样的人》等歌曲走红中国网络。

译文b. 据《明报》报道, 去年起《让我们一起支持习近平吧》、《要嫁就嫁习大大这样的人》等歌曲走红中国网络。

以上各例译文中a句都存在严重的漏译问题, 遗漏了原文中重要的应该译出的内容, 违背了翻译必须忠实原文的基本原则。例 (5) 译文a漏译否定祈使句“别做笼统模糊的想象了”, 例(6) 译文a漏译原标题所反映国旗消失事件的影响——“咸镜北道鸡犬不宁”, 例 (7) 漏译原文中一个与主题“反对搞个人崇拜”密切相关的歌曲名字“《让我们一起支持习近平吧》”。

第七节 重复法和加注法

一、重复法

为了满足汉语结构上的需要, 或为达到强调的目的, 有意在汉译文中重复使用原文中只使用一次的某一个词语或句子，这种翻译方法叫重复法。例如：

(1) 인심뿐만 아니라 강산도 변화했다。

译文：不仅人心变了，连江山都变了。

(2) 우리는 문제를 볼 때，부분뿐만 아니라 전체도 보아야 한다。

译文：我们看问题不但要看到部分，而且还要看到整体。

(3) 아는 대로 다 얘기하세요.

译文：你知道什么就说什么。

(4) 먹을 만큼만 준비하세요.

译文：能吃多少就准备多少。

以上例句的译文分别重复使用了"变"、"看到"、"什么"、"多少"，如果去掉一个，则原句不能成立，这些种重复法的使用满足了汉语结构上的需要。

再看下列例句：

(5) 당신은 내 친구이기도 하고 원수이기도 하다.

译文：你既是我的朋友，又是我的敌人。

(6) 승강기에서 뛰지 말고 문에 기대거나 강제로 문을 열려고 하지 마십시오 .

译文：请不要在电梯中蹦跳，不要倚靠电梯门，不要强行开门。

(7) 21세기 한국과 중국은 발전과 성장의 동반자가 되어야 한다는 점에는 이견이 있을 수 없습니다.

译文：毫无疑问，在21世纪韩国和中国应该成为共同成长、共同发展的伙伴。

以上两例中分别重复使用了"我的"、"不要"、"共同", 起突出强调的作用, 将后边那个去掉也不影响原文的基本内容的传达, 但不能反映原文的强调色彩。

二、加注法

加注法指的是在译文后添加注释的方法。使用加注法的目的是帮助读者正确理解原文词句。因为社会文化历史不同、民族风情不同、语言表达习惯不同, 有些内容翻译之后还是不能让读者充分理解, 这时, 添加译注做补充说明, 是一种有效的辅助手段。例如:

(1) 영화표를 들고 입장하니, 좌석 뒤 면에 'god'라는 작은 표지판이 붙어 있었다.

译文: 持票入场后, 发现座位后面贴着一个"god"标记。(加注: "god"是韩国有名的五人演唱组合的名称。)[1]

(2) 5월엔 또 어버이 날, 스승의 날이 있으니 카네이션도 참 좋다.[2]

译文: 五月里还有双亲节、教师节等节日, 因此康乃馨也是出镜率较高的花儿。(加注: 每年5月8日, 韩国人都要过双亲节, 子女

1) 此例引自全香兰编著(2005), p.157。

2) 김난도(2011), p.32。

要以一定的方式感谢父母养育之恩，新闻媒体集中进行孝顺之道的教育，各个社团要评选出孝子、孝女。按传统习惯，这一天与父母分居的子女应回家看望，行跪拜大礼，送些礼品。[1)]

(3) 덧붙이자면 미국의 영화 산업은 우리보다 역사도 더 오래되고 규모도 더 크기 때문에 아카데미 영화제의 수상부문은 대종상 같은 우리나라 영화제보다 훨씬 더 다양하다.[2)]

译文：当然，美国的电影产业远远走在韩国前列，并且历史更加悠久，产业规模更加庞大，奥斯卡颁奖礼上的奖项设置也远比韩国诸如大钟奖之类的要丰富。(加注：大钟奖作为韩国政府部门唯一主管的电影节，是为了电影的发展而设立的电影艺术奖。第一届电影大钟奖在1962年举行，至今已经举办了47届。)[3)]

例 (1) 出现的"god"，中国人没有多少了解，而且上下文中也未见有关线索，不加注释读者就无法理解该句确切含义。例(2) 中原文中出现的"어버이날"(双亲节或父母节)是韩国的一个重要节日，例 (3) 原文中的"대종상"(大钟奖)是韩国电影节的重要奖项，中国人都不太熟悉，因此加注说明有助于加深他们对译文的理解。

1) 金南都著、金勇译(2012), p.35。

2) 김난도(2011), p.37。

3) 金南都著、金勇译(2012), p.39-40。

韩中翻译练习(三)

一、将下列邀请函译成汉语。

1. 邀请函(1)

초청장

곡부사범대학 동방어언문화대학
○○ 서기님 귀하

안녕하십니까?

우리 양교의 우호교류를 강화하고, 양교간의 실행 가능한 교류 협력 프로그램을 모색하고자 아래와 같이 귀하와 귀교의 대표단을 본교로 정중히 초청하오니 오는 10월 19일부터 21일까지 우리 대학교를 방문해 주시기 바랍니다. 이 번 방문을 통하여 양교의 교류협력에 많은 발전이 있기를 희망합니다.

마지막으로 귀교의 무궁한 발전을 기원합니다.

※ 피초청자 인적사항(생략)

우리 대학교 캠퍼스에서 뵙기를 기대합니다.

2010년 9월 1일

○○ 대 학 교 중 국 센 터 장

2. 邀请函(2)

천진미술학원 미술관에서 개최되는

2007 계명미술디자인전에 초대합니다

계명대학교 미술대학에 많은 사랑과 성원을 보내주시는 여러분께 진심으로 감사드립니다.

더 높이 비상하고자 하는 미술대학 교수, 학생, 동문들의 노력과 따뜻한 응원으로 중국 최고의 미술교육기관인 천진미술학원 초대로 "계명미술디자인전"을 4월 20일부터 4월 30일까지 천진미술학원 미술관에서 개최합니다.

"계명미술디자인전"은 교수와 학생 및 동문이 함께 참여하여 계명대학교 미술대학의 역량과 자신감을 보여주는 전시회이며 앞으로 천진미술학원과 함께 손잡고 이루어 나갈 예술적 성취를 위해 양교 간의 인적, 예술적, 학문적 교류가 더욱 활발히 이루어지는 계기가 되는 전시회입니다.

천진미술학원 초대 "계명미술디자인전"에 많은 관심을 가져주시면 대단히 감사하겠습니다.

계명대학교 미술대학

학장

3. 邀请函(3)

제1회 『제1회 한 · 중인문학포럼』에 초대합니다.

한국과 중국은 장구한 역사 속에서 다방면에 걸친 이해와 협력을 축적하여 왔습니다. 또한 1992년의 수교 이래 양국의 교류는 비약적으로 발전하고 있으며 상호 존중과 공영의 관계를 다지고 있습니다.

양국 정상의 '인문유대 강화합의'를 바탕으로 한국의 교육부 · 한국연구재단과 중국 사회과학원이 공동 주최하는 『제1회 한 · 중 인문학포럼』이 마련되었습니다. 올해의 포럼은 한중인문교류와 문화정체성을 주제로 설정하였으며 문학, 역사, 철학, 언어 · 교육 · 문화의 네 분야로 나뉘어 진행됩니다.

고매한 학자들을 모시고 고견을 구하고자 하오니 부디 왕림하시어 더욱 뜻 깊은 자리로 만들어주시면 감사겠습니다.

2025년 10월

기획위원회 위원장 ○○○ 삼가 드림

二、试将下面这封感谢信译成汉语。

ㅇㅇ 부처장께

보내주신 서신 잘 받았습니다.

우리대학교 캠퍼스에서 귀하와 모든 참가자들이 함께한 유쾌하고 즐거웠던 시간들이 여전히 진한 잔상으로 남아 있습니다.

이번 세계 대학 공자아카데미 회의를 무사히 잘 마칠 수 있도록 아낌없는 지원과 성원을 보내 주신 귀하와 총부의 ㅇㅇ 주임 이하 모든 분들께 이번 기회를 빌어 다시 한 번 감사의 말씀을 드립니다.

이번 회의에 대한 귀하의 관대한 평가는 우리대학교 공자아카데미에 대한 총부의 높은 관심과 기대치의 반영이라 생각하며, 저 또한 우리 공자아카데미가 한·중 양국의 가교역할을 더욱 충실히 이행할 수 있을 것이라 믿어 의심치 않습니다. 아울러, 우리대학교 공자아카데미가 맡은 바 소임을 다할 수 있도록 귀하와 총부의 지속적인 관심과 성원을 부탁드립니다.

오는 12월에 개최되는 공자아카데미 세계 총회에 초대해 주셔서 감사하며 시간과 여건이 허락된다면 참가할 것입니다.

귀하의 가정에 사랑과 행복이 충만하기를 기원합니다.

2010년 10월 21일

OO 대 학 교 총 장

三、试将下面两封公务函译成汉语

1. 公务函(1)

중국사회과학원 연구생원 국제교류협력처

존경하는 처장님

안녕하십니까?

이번에 ㅇㅇ대학교 국제처장과 중국센터장을 맡게 된 ㅇㅇ교수입니다. 이렇게 서신으로나마 인사를 드리게 되어 반갑고 영광입니다.

귀교의 캠퍼스 이전 일정이 연기되어 걱정이 많으리라 사료됩니다. 우리 대학교에서도 귀교의 이런 상황을 십분 이해하는 바이며, 처장님의 요청대로 12월 10일 경에 국제학술세미나를 개최 하는 것에 동의합니다.

우리 대학교는 발표자 4명을 이미 선발하였으며, 발표 논문도 순조롭게 준비 중입니다. 완성된 논문은 11월 중순까지 보내드리도록 하겠습니다.

일교차가 많이 심합니다. 건강에 유의 하시고, 편안한 시간에 귀교의 원장님을 모시고 ㅇㅇ대학교를 방문해 주시면 감사하겠습니다.

ㅇㅇ대학교 중국센터장

ㅇㅇ 교수

2010년 10월 13일

2. 公务函(2)

수신: 수도사범대학교 국제문화학원장 귀하

제목: 2015학년도 2학기 KMU-CNU 복수학위생 파견 통보 및 지도교수 배정 요청

먼저 귀교의 무궁한 발전을 기원합니다.

양교의 우호교류 관계를 증대하고, 쌍방의 국제교류 프로그램을 활성화하기 위하여 2015년 1월 5일 상호 협의한 KMU-CNU 복수학위제 파견학생으로 최종 선발된 KMU-CNU 복수학위생의 인적사항을 다음과 같이 통보합니다.

또한, 파견학생이 현지대학에 잘 적응하고 성실하고 적극적으로 학업에 정진할 수 있도록 지도교수와 생활코디네이터 배정 및 우리 대학에서 등록금 송금을 위한 계좌정보를 포함한 학비청구서를 요청하오니 회신하여 주시기 바랍니다.

1. 파견학생 인적사항 및 파견기간

전 공	학년(학기)	학 번	성 명	파견기간
중국어문학	3(6학기)	5210661	○○	2015학년도 2학기~ 2016학년도 2학기까지(3학기)

2. 회신 요청사항

가. 복수학위생 파견기간 동안 현지대학 지도교수 명단 및 인적사항

나. 복수학위생 파견기간 동안 현지대학 생활코디네이터(주말

및 연휴 등 생활 관리) 명단 및 인적사항

다. 복수학위생 등록금 송금을 위한 현지대학 송금계좌정보와 등록금액(환율단위 정보표기)을 명시한 학비청구서

라. 입학허가서 및 JW202(유학생 비자 발급용으로 파견학생이 입국하여 처리할 예정이므로 협조 바람)

3. 우리 대학 등록금 관련 안내사항

가. 우리대학은 중국어문학전공 등록금의 70% 범위 이내를 복수학위생파견기간(3학기) 동안 지원함(이하 '수업료 지원금'으로 표기)

나. 우리대학은 현지대학과의 합의에 따라 '수업료 지원금'을 복수학위생 해당 등록학기마다 현지대학으로 직접 송금

다. 환율상승에 따른 현지대학 등록금 증가 시 '수업료 지원금'보다 초과된 금액은 복수학위생이 부담하며 본인이 현지대학에 직접 납부

라. 현지대학 등록금 송금에 따른 한국 내 송금수수료는 우리대학 부담. 끝.

2015년 8월 18일

○○대학교 인문국제학대학장

四、试将下面两个协议书译成汉语

1. 协议书(1)

한국 ○○대학교와 중국 무한외국어외사직업대학
우호교류협정서

○○대학교와 무한외국어외사직업대학은 양교간의 학술과 문화교류 및 상호 발전을 위하여 교육, 연구 및 기타 관련영역의 협력을 다음과 같이 합의한다.

원 칙

우호교류 협정의 성립에 따라 ○○대학교와 무한외국어외사직업대학 간의 학술과 문화교류, 상호이해와 우의를 촉진하기 위하여 쌍방은 우호협력관계를 강화한다.

범위 및 방법

각 대학의 총장 또는 국제관련부서장의 승인을 얻은 후, 상호 합의된 아래의 활동 또는 프로그램을 실행할 수 있다.

1. 교수교환
2. 학생교환
3. 교수 및 학생 학술교류
4. 공동연구 프로그램 참가
5. 학술 연례회의 참가
6. 학술자료와 기타 관련정보 교환

7. 특정 단기 학술 프로그램 개발
8. 교직원 개발 프로그램
9. 학부생 공동 양성 및 공동학위 프로그램

상기 활동의 기간과 예산은 특정 프로그램과 행사를 실시하기 전에 쌍방이 논의한 후 서면 형식으로 확정한다.

협정의 유효일자와 기간

본 협정의 유효기간은 5년이며, 쌍방의 합의를 통해 내용 보충과 수정을 할 수 있다. 협정 만기 6개월 전에 어느 일방에서 서면으로 협정의 종결을 알리지 않으면 본 협정은 자동으로 연장된다.

본 협정서는 한글과 중국어 두 종류로 작성되며 동등한 효력을 가진다. 본 협정서는 쌍방이 서명하는 날로부터 그 효력을 발생한다.

2010년 9월 10 일

ㅇㅇ대 학 교	무한외국어직업대학
총 장	총 장

2. 协议书(2)

한국 ○○대학교 국제협력단과 산동대학(위해) 평생교육원
한국 문화체험단 운영에 관한 세부협정서

1. 협의내용

한국 ○○대학교 국제협력단(이하 "○○"이라 칭함)과 중국 산동대학 〈위해〉 평생교육원(이하 "산대"라 칭함)은 호혜평등의 원칙에 의거하여, 양교간 운영중인 "1+4학부생공동양성 프로그램"을 활성화시키기 위해서 산대의 한국어예비반(1년 과정) 학생들을 대상으로 ○○에서 3일 동안 한국문화 및 캠퍼스 생활을 체험하는 한국 문화체험단 운영에 대해 아래와 같이 합의한다.

2. ○○의 책임

가. ○○은 산대에서 파견한 학생 및 인솔교사들의 한국 내 ○○까지의 이동 혹은 ○○에서 한국의 다음 방문지까지의 이동에 관하여 책임을 진다.
나. ○○은 산대에서 파견한 학생 및 인솔교사가 ○○에 체류하는 기간 동안의 식사비, 숙박비 및 교통비 등 제반 비용을 부담한다.
다. ○○에서는 참여 학생들이 ○○에 체류하는 동안의 유학설명회, 캠퍼스투어, 한국문화체험 등의 업무를 담당한다.

3. 산대의 책임

가. 산대는 당해년도 한국어예비반 학생들을 대상으로 본 프로그램을 적극 홍보하여 본 프로그램이 원만히 진행될 수 있

도록 한다.

나. 산대는 본 프로그램 실시에 앞서 ○○에 참여 학생 인원 수 및 관련 자료를 제공한다. 한국문화체험단은 원칙적으로 40명 이내로 하며, 구체적인 참여인원 수는 매년 쌍방의 협의에 의해서 결정하도록 한다.

다. 산대는 참여 학생들의 중국 국내 및 국제 교통비를 부담하도록 한다.

라. 산대는 참여 학생들의 출국 관련 수속 및 보험 업무를 담당하도록 한다.

4. 기타사항

가. 본 협정서에서 언급하지 않은 내용은 쌍방의 협의를 통해서 결정하도록 한다.

나. 본 협정서는 서명한 날로부터 효력이 발생하며, 유효기간은 3년으로 한다. 본 협정이 종료된 후에도 쌍방이 계속적으로 협력 의사가 있을 경우, 상호 협의를 통해서 협정 연장 사안을 논의한다.

다. 본 협정서는 국문 및 중문 두 언어로 작성되었으며, 쌍방이 각각 한 부씩 가짐으로 해서 동등한 효력을 갖는다.

산동대학(위해)	○○대학교
평생교육원 원장	국제협력단 단장
서명:	서명:
20 년 월 일	20 년 월 일

五、试将下面这两个祝贺词译成汉语。

1. 贺词(1)

제1회 계명 한 · 중교류한마당 개최를 축하합니다

안녕하십니까. 계명공자아카데미 원장 ㅇㅇ입니다.

먼저 아름다운 가을 캠퍼스에서 '제1회 계명 한·중교류한마당' 개최하게 된 것을 축하드립니다. 21세기 한국과 중국은 발전과 성장의 동반자가 되어야 한다는 점에는 이견이 있을 수 없습니다. 우리학교에 재학 중인 중국유학생들과 중국어문학과 학생을 비롯한 교내 중국어 학릅자들이 만들어 내는 이번 행사가 이러한 미래의 돈독한 동반자 관계 구축을 위한 작지만 의미 있는 한·중교류의 장이 될 것을 믿어 의심치 않습니다. 이번 행사를 시작으로 이러한 한·중교류의 장이 매년 이어지고 더욱 발전되기를 기원 합니다. 끝으로 이번 행사를 준비하시느라 수고하신 교수님들과 학생 여러분께 감사를 전합니다.

중국세터장·계명공자아카데미원장 ㅇㅇ

2. 贺词(2)

인사말

안녕하십니까. 저는 ㅇㅇ대학교 중국센터장 ㅇㅇ입니다.

우선 곡부사범대학 한국어학과에서 주최하는 제4회 말하기 대회의 개최를 진심으로 축하드립니다. 또한 항상 한국을 생각하시고 한국문화, 특히 한글의 우수성과 중요성을 깊이 인식하시어 곡부사범대학 학생들을 대상으로 한국어 말하기 대회를 개최하고 계시는 곡부사범대학 동방언어 및 번역대학 관계자분들에게 이 자리를 빌어 깊은 감사의 마음과 최고의 존경을 보내드리는 바입니다.

한중 양국은 1992년 처음 수교를 시작하였고, 어느덧 21년이란 시간이 흘렀습니다. 지난 시간을 돌아 볼 때 한중 양국 관계는 모든 영역에서 괄목할 만한 성장을 하였습니다. 저는 이러한 성과를 이룰 수 있었던 가장 큰 요인이 한중 양국의 젊은 세대들이 서로 상대방의 언어를 배우고 익혔던 사실에 있었다고 봅니다. 언어란 그 언어권의 문화를 가장 잘 이해할 수 있는 지름길이며, 상대방의 문화를 이해한다는 것은 상호 교류와 협력을 위한 가장 중요한 전제가 되는 것입니다. 이러한 한중 양국의 과거가 말해 주듯이 향후에도 우리 한국 학생들이 중국어를 배우고 또한 중국 학생들이 한국어를 익혀가는 과정에서 우리 한중 양국의 미래를 짊어질 젊은 세대들이 서로를 더욱 이해하고 우의를 다져 가리라 믿습니다. 이러한 측면에서 곡부사범대학에서 개최하고 있는 한국어 말하기 대회의 중요성은 더 말할 나위가 없을 것으로 사료됩니다.

이번 대회를 통해서 참가 학생들뿐만 아니라 이로 인해 한국어에 관심을 가지게 된 중국 학생들은 한국에서 중국어를 배우고 있는 한국 학생들과 함께 미래 한중 양국의 교류와 협력을 확대하는 귀중한 동량이 될 것을 믿어 의심치 않습니다.

마지막으로 오늘 참가한 학생들 모두 본인의 기량을 십분 발휘할 수 있기를 바라며, 이번 대회의 성공적인 개최를 기원합니다. 감사합니다.

2012-10-10

○○대학교 중국센터장 ○○

六、翻译下面这个欢迎词。

환영사

안녕하십니까.

먼저 화창한 초여름 아름다운 우리대학 캠퍼스에서 이렇게 성대한 학술대회를 개최하고 중국학 관련 석학들을 모시게 된 것을 무한한 영광으로 생각하며, 진심으로 환영하는 바입니다. 이번 연합학술대회에 참여하는 영남중국어문학회, 대한중국학회, 중국인문학회, 한국중국문화학회는 한국을 대표하는 중국학 연구학회로 알고 있습니다. 중국의 국력과 국가위상이 나날이 높아지고 있는 가운데 동북아와 아시아지역, 더 나아가 세계적인 차원에서의 중국의 역할과 영향력이 증대하고 있습니다. 뿐만 아니라 한국과 중국의 관계는 모든 분야에서 이제 서로가 없어서는 안 될 공생의 관계로 발전하였습니다. 따라서 21세기 우리의 중국에 대한 연구와 분석의 필요성과 중요성은 아무리 강조하여도 지나치지 않을 것입니다. 이러한 관점에서 볼 때, 중국의 정치, 경제, 문화 등 모든 분야를 총 망라하는 이러한 대규모 학술대회의 의의는 다시 언급할 필요가 없다고 생각합니다.

지금 우리사회가 국가적인 재난에 휩싸여 힘든 상황에 놓여 있습니다. 이러한 어려운 여건 속에서도 중국연구에 몰두하고 계시는 여러 학자님들에게 무한한 존경과 감사의 말씀을 드립니다. 여러분들의 연구가 우리나라의 국가경쟁력 뿐만 아니라 한중관계의 발전에 크게 공헌하리라는 것을 믿어 의심치 않습니다.

마지막으로 다시 한 번 여러 석학들을 우리학교에 모시게 된 것을 기쁘고 영광스럽게 생각한다는 말씀을 드립니다. 또한 이번 학술대회 개최를 위해 애쓰신 영남중국어문학회 회장님 및 관계자 여러분들께 감사의 말씀을 드리며, 우리 대학교 공자아카데미, 중국학과, 중국어문학과 관계자들의 노고를 치하하고자 합니다. 감사합니다.

2014. 5. 9

○○대학교 총장

七、试将下面这个大学网站主页校长致辞译成汉语。

총장님 인사말

○○대학교는 좋은 사람으로 들어와 더 좋은 사람이 되어 나가도록 하는 교육중심대학입니다("BONUS INTRA MELIOR EXI"). 우리 대학교는 2011학년도에 국가로부터 "잘 가르치는 대학", ACE대학으로 선정되어 학부교육 선진화 국책사업을 계속하여 시행하고 있습니다. 또 많은 국비가 지원되는 교육역량강화사업과 창업선도대학, 산학협력선도대학 육성사업 등 다양한 국책사업을 펼쳐나가는 야무지고 알찬 대학입니다.

우리 대학교는 성서캠퍼스에 의과대학, 간호대학, 약학대학과 연계하여 1천 병상 이상의 거대한 메디컬센터, 새동산병원을 현재 건설 중에 있고 오는 2015년에 개원할 계획입니다. 새동산병원은 초현대식 첨단의료시스템을 모두 구축하고 국내외에서 으뜸가는 의료기관으로 113년의 유구한 역사와 함께 또 하나의 ○○의 자랑

거리가 될 것입니다.

우리 대학교 본관 1층 정면에는 커다란 액자에 아직 어떤 획과 점 하나 없는 백지 그림이 걸려 있습니다. 그 그림 제목은 "Tabula Rasa"라고 쓰여 있고 그 아래 부제로 "우리가 얼굴을 가질 때까지"라고 적혀 있습니다. ㅇㅇ대학교에 들어 올 때 비록 지금은 백지지만 재학기간 동안 멋진 그림을 알차게 잘 그려 마침내 그 주인공은 진실로 위대한 인류문화의 명품이 될 것입니다. ㅇㅇ대학교는 세계를 향해 인류문화의 밝은 빛을 여는 전당입니다.

2012. 7.

ㅇㅇ대학교 총장

八、试将下面这个教授招聘广告译成汉语。

ㅇㅇ대학교 중국어문학과 중국어 원어민 교원 초빙

1. 초빙분야 및 지원 자격

구분	임용학과	전공분야 및 지원자격 요건	인원
비정년 트랙 전임 조교수	중국어문학과	1. 중국어학(중국어교육 전공자 우대) 2. 중국어를 모국어로 하는 외국인 여권 소지자 3. 석사학위 소지자 이상	1
	1. 이력서(최신) 1부(이력서 상의 모든 학력 및 경력(학위 재학기간 포함) 기간은 최소한 년, 월이 기재되어야 함) 2. 자기소개서 3. 추천서 (최소 1부 이상) 4. 학위기(이력서에 기재한 모든 학위) - 복사본 가능		

제출서류	5. 성적표(이력서에 기재한 모든 학위 과정) - 복사본 가능 6. 경력증명서(이력서에 기재한 모든 경력) - 복사본 가능 7. 석, 박사학위 논문 각 1부 8. 최근 3년간의 연구업적 각 1부 9. 여권사본 ※ 한글, 영어 이외 언어의 모든 서류의 경우 한글 번역본 첨부.
전형방법	1. 서류심사: 지원자의 제출서류 구비여부 및 공고상의 지원요건 심사 2. 면접심사: 지원자의 인성 및 교원으로서의 자질 등을 심사
기 타	면접심사는 해당자에 한하여 개별 통지

2. 지원서류 제출 방법

가. 지원서류 접수기한 : 2013년 10월 31일(목) 17시까지 도착분에 한함.

나. 지원서류 제출방법 : 우편, 택배 또는 방문 제출

다. 접수/문의처 : 대구광역시 달서구 달구벌대로 1095
○○대학교 인문대학 중국어문학과
Tel : +82-53-000-0000(Office) / 010-0000-0000(CP)

라. 지원서식 : 이력서, 자기소개서, 추천서는 자유서식

3. 대우조건

가. 연봉 : (생략)

나. 숙소 : 외국인 교수 전용 기숙사 국제동 배정. 국제동 상황이 여의치 않을 경우, 300만 원 / 학기(50만 원 / 월)을 학기초에 일괄 지급(세법에 따라 기타 소득으로 분류되기 때문에 세금을 제외하고 지급함.)

第四章 韩中翻译方法和技巧(中)

韩汉语一个重要区别就是时制系统上的区别。在韩中翻译过程中，时制句的翻译是一个难点。正如我们在第二章中所说的那样，只有充分掌握两种语言在时制表达系统的特点及二者之间的对应关系，才能进行准确的翻译。

下面我们结合翻译实践，具体谈谈韩国语过去时句和将来时句的翻译方法。

第一节 韩国语过去时句的译法

一、韩国语绝对过去时句的译法

韩国语绝对时中的过去时由动词词干加"-었/-았-다"构成，汉语的过去时主要用词汇手段、语法手段和零形式的无标手段来表现。因此，在翻译韩国语的过去时句时，应根据需要选择汉语中相应的表达手段。

(一) 用过去时词汇标记表现韩国语过去时句

汉语中表示过去已然的词汇标记承担着重要的表时功能，它只要在句中谓语动词前出现且呈现表时功能，则该句一定是过去已然句。

过去时词汇标记包括下列各种词语类型：

a. 时间名词：

昨天　前天　去年　前年　当年

当时　从前　后来　过去　刚才

b. 时间副词：

曾经　曾　已经　已　从来　向来

一向　历来　终于　毕竟　常常　早就

c. 表时间的方位词语：

以前　两天前　半小时以前　一个星期以前

退休以来　改革开放以来　大学毕业以来

d. 表时间的偏正短语：

上(一) 星期　上周一　前不久

他昨天走的时候　前年的夏天　昨天上午

e. 表过去的年份、月份、日期的词语：

18世纪二十年代　1890年4月5日

f. 表时间的介词短语：

在过去　在上星期一　在半小时以前　在17世纪初

当他昨天突然失踪的时候　于前天傍晚7点半

g. "有"类述宾短语：

有一年　有一次　有一天

有一天上午　有一次野餐[1)]

---

1) 关于汉语过去时标记的类型及功能的详细论述请参见李铁根(2003)。

在韩中翻译时, 如果韩国语原句谓语动词前包含以上各类表示过去时间的词汇标记所表时间意义的词语, 翻译时只需使用汉语相应词汇标记对译即可。例如:

(1) 그는 나중에 미국으로 갔다.

译文: 后来他去了美国。

(2) 이전에 이 고장은 교통이 매우 불편했다.

译文: 以前, 这个地方很闭塞。

(3) 나는 그가 아직도 베이징(北京)에 있는 줄 알았는데, 뜻밖에 지난주에 떠나갔다.

译文: 我以为他还在北京, 殊不知上星期他就走了。

(4) 어느 날, 그가 거리를 걷고 있을 때 머리 위의 검은 모자가 벗어져 땅에 떨어졌다.

译文: 有一天, 他在街上走着, 头上的黑帽子掉落在地上。

(二) 用过去时语法标记表现韩国语过去时句

汉语中还有表示过去时间意义的语法标记, 如"的"、"来着"、"了1"、"过"、"了2"等。韩国语过去时句中如果没有使用表示具体的过去时间意义的词语, 翻译成汉语时可以使用以上语法标记来表示原句的过去时意义。例如:

(1) 나는 시내에서 영화를 보았다.

译文: 我在市内看的电影。

(2) 당신 학교는 어디에 있었던가요?

译文: 贵校是在哪儿来着?

(3) 새색시가 집안으로 들어왔다.

译文: 新媳妇娶进了家门。

(4) 당신은 마오타이주를 마셔 본 적 있습니까?

译文: 你喝过茅台酒吗?

(5) 그가 북경에 갔다.

译文: 他去北京了。

以上韩国语句中都没有使用表示过去具体时间的词语, 只用过去时词尾表达了过去时意义。汉语译文中分别用了语法标记"的"、"来着"、"了1"、"过"、"了2"表现了过去时意义。如将汉译文中这些过去语法标记去掉的话, 句子的时制意义就会发生变化, 如例(5) 去掉"了"后"他去北京"变成了未然句, 例(4) 去掉"过"后"你喝茅台酒吗?"变成了泛时句或未然句, 例(1) 则变成时制粘着句, 没有上下文就无法确定句子所表事件是否发生。

(三) 使用无标句表现韩国语过去时句

汉语中还存在大量的无标时制句, 即没有显性时制标记的句子(零标记的句子)。各类无标时制句的时制隐含有所不同。[1)] 其中无标时制句中的出现、消失义动词句、情态状语句、情态补语句、结果、趋向、数量补语句都只隐含表过去已然的时制功能。在韩中翻译过程中, 我们可以用上述各类无标时制句直接对译

1) 关于现代汉语无标时制句的类型及其时制隐含的详细论述请参见李铁根(1999b)。

韩国语中与其表义相同的过去时句。例如:

(1) 그는 인민폐 3000원을 잃어버렸다.

译文: 他丢失人民币三千元。

(2) 그는 겨우 영화표 두 장을 샀다.

译文: 他好不容易买两张电影票。

(3) 쇼깡은 헐레벌떡 달려왔다.

译文: 小刚跑得上气不接下气。

(4) 그는 이 문제에 대해 명백히 알고 있었다.

译文: 这个问题他想得很清楚。

(5) 교실에는 나비 한 마리가 들어왔다.

译文: 教室里飞进来一只蝴蝶。

(6) 그는 통지문을 세 번이나 보았지만 아직도 이해가 되지 않았다.

译文: 他看三遍通知, 还是不明白。

此外, 相对泛时句和隐含已然和未然两种时制功能的无标时制句也可以用来翻译韩国语的过去时句。例如:

(7) 퇴계 이황 선생은 학문하는 것을 즐겼다.

译文: 李滉先生喜欢钻研学问。

(8) 이창호는 보통 아이들과 다른 점이 없었다.

译文: 李昌镐和普通的孩子一样, 没有什么特别的地方。

(9) 매 식탁마다 열사람씩 앉았고 안 온 사람 한명도 없었다.

译文: 每饭桌坐十个人, 一个也没缺。

以上三例都是过去时句, 例(7)、(8) 用汉语相对泛时无标句对译, 例(9) 的前一个分句用隐含两种时制类型的无标句“每桌坐十个人”对译, 由于下一个分句有过去时标记标明整个复句是过去时, 所以前一个无标句在此呈现过去时功能。

(四) 用歧义表时标记句对译韩国语过去时句[1)]

现代汉语中存在大量的表时不确定的时间词语。它们既可能在未然句中出现, 呈现未然功能, 又可能在已然句中出现, 呈现已然功能。换句话说, 它们本身蕴涵着两种截然相反的表时功能, 在具体使用中到底呈现那种表时功能, 要根据其他条件确定。[2)] 如果没有使其表时功能确定的其他条件, 该句子在时制上就是不明确的, 或者说在时制上是有歧义的。这类时间词语就是歧义表时标记。如“以后”就是一个歧义表时标记, 它既可以在未然句中出现, 又可在已然句中出现。例如:

(1) 以后我去了韩国。[已然句]

(2) 以后我将去韩国留学。[未然句]

前一例中的“以后”指过去某一时间之后, 而后例中的“以后”指说话时间以后。这两种时间参照点的不同是由句子中过去已然标记“过”和未然标记“将”确定的。如果没有这两个标记, “以

1) 关于歧义表时标记的详细论述请参见李铁根(2004)。

2) 关于现代汉语时制系统及绝对时“已然”、“未然”和相对时“同时”、“异时”的分类详细论述, 请参见李铁根(1999a)。

后"的表时意义就可能是不确定的。

现代汉语中常见的歧义表时标记有如下几种:

a. 时间名词:

今天　上午　晚上　早晨　星期一

元旦　春节　愚人节　圣诞节　清明

b. 表时刻的数量词语:

九点　五点半　七点二十

七点一刻　一分30秒

c. 表时间的方位词语:

以后　会前　饭后　节后　吃饭以前

上班前　两年后　3点左右　五天之内

d. 表示年份、月份、日期、时期的词语:

1996年　正月　初五　31日　2000年1月5日

10月下旬　6月初　九十年代中期　三年困难时期

e. 表示时间的介词短语(由表时介词与歧义表时标记构成):

于傍晚　于本周五　在早上　在星期一　于四月三日

在开会以前　当他走的时候　在这两个月　在5月15号以后

f. 表示时间的偏正短语:

星期日的上午　早上七点　国庆节的时候　他来的时候

吃饭以后那段时间　那时候　上课时　那时　这三天

这两个月　这一阵子　那一年　那两个星期

因为歧义表时标记隐含表过去和将来两种表时功能, 所以, 它既可以与过去标记搭配使用, 呈现过去表时功能, 也可以与将来时标记搭配使用，呈现将来时功能。例如：

(3) 我周一去过两次图书馆。

(4) 周一我将去参加一个学术研讨会。

例(1) 中的歧义表时标记"周一"与过去标记"过"同句共现，"周一"表示的是已经过去的时间，例(2) 中的"周一"与将来时标记"将"同句共现，"周一"表示的是将来的时间。

因为歧义表时标记隐含表过去时的功能，所以，只要上下文处于过去语境中，其中的歧义表时标记即呈现过去表时功能，因此，我们可以用它来表现韩国语的过去时意义。例如：

(5) 어제 국가대표팀은 여전히 흔들리지 않고 원 계획을 고수하였다. 오전에는 소재지 헬스장에서 체력훈련을 하고 오후에는 방에서 휴식하고 저녁 6시 반에는 운동장에 가서 비공개 훈련을 하였다.

译文：昨天国家队仍坚持雷打不动的计划：上午在驻地的健身房进行力量训练，下午在房间休息，晚上6点半，前往体育场封闭训练。

(6) 그는 작년에 먼저 상해에 가고 다음으로 광주에 가는 등 3개월 동안 계속 돌아다녔다.

译文：他去年先去上海，以后去广州，跑了整整三个月。

(7) 나는 오후에 학교 도서관에 가서 책을 빌리고 교수님도 한 분 찾아뵈었다.

译文：我下午到学校图书馆借书，拜访了一个教授。

(8) 그는 작년 6월에 대학원을 졸업한 후 한 작은 공장에 공장장 보조로 취직하였다. ……12월에는 사직신청서를 제출하였다.
译文: 去年6月他研究生毕业, 分到一家小工厂做厂长助理。……12月, 他提交辞职申请书。

(9) 1986년 여름……7월말 그들은 근거지로 돌아왔고 8월 중순에는 급히 신강에 가서 새로운 임무를 부여받았다.
译文: 1986年夏天。……7月底, 他们回大本营。8月中旬, 他们赶赴新疆, 接受新的任务。

二、韩国语动词定语相对过去时的译法

韩国语长句构成上的一个特点就是较多地使用结构复杂的动词短语充当定语构成的偏正短语, 其中动词定语在此呈现的时制意义也是韩译汉的难点之一。要想准确表现韩国语动词定语所表示的时制意义, 必须首先了解韩汉动词定语的时制种类及其时制意义, 以及二者之间的对应关系。

(一) 韩国语和汉语动词定语时制性质、种类及其时制意义

韩国语动词做定语时, 必须带特定的词尾(即定语时制词尾)来表示一定的时制。这种定语词尾表示的时制是一种相对时制, 即它不是以说话时间为标准, 而是以与定语发生关系的另一动作、状态发生和存在的时间(通常是句中谓语动词所表示的动作发生的时间)为标准, 来确定现在、过去或将来。[1] 例如:

---

1) 关于韩国语定语时制性质及种类的描写说明请参见宣德五(1994)。

(1) 나는 친구들이 제기한 의견을 기꺼이 받아들인다.

译文: 我乐意接受朋友们提出的意见。(现在时句)

(2) 나는 친구들이 제기한 의견을 기꺼이 받아들였다.

译文: 我很乐意地接受了朋友们提出的意见。(过去时句)

(3) 나는 친구들이 제기한 의견을 기꺼이 받아들이겠다.

译文: 我将乐意接受朋友们提出的意见。(将来时句)

以上三句中的动词定语分别都带了过去时词尾"ㄴ", 表示"제기하다"发生在"받아들이다"这一动作之前, 尽管从说话时间来看, 例(3)中"제기하다"这一动作尚未发生。

根据不同的定语时制词尾所表达的相对时时制意义, 韩国语定语时制一般分为现在时、过去时、过去持续时、过去完成时、将来时五种类型, 其中过去时、过去持续时、过去完成时都属于相对过去时范畴, 各自表达如下所示的时制意义:

a. 过去时: 用词尾"ㄴ(은)"表示。表示该定语动作是在谓语所表动作之前发生的, 如例(1)、(2)、(3) 中的"친구들이 제기한 의견"("朋友们提出的意见")。

b. 过去持续时: 用词尾"던"表示。一般表示该定语所表示的动作、状态在另一有关动作、状态(谓语动词所表示的动作、状态)之前一段时间内持续一个过程, 然后中断, 往往带有"中途转折"的意思。例如:

(4) 박선생은 보던 책을 가방에 넣었다.

译文: 老朴把正看着的书(合起来)装进书包里。("看书"这一事件在"装"之前持续, "装"事件发生, "看书"中断。)

或者表示追忆以往的事。如:

(5) 그곳은 내가 어릴 때 늘 놀던 곳이다.

译文: 那是我小时侯常去玩的地方。

c. 过去完成时: 用词尾"-았던(-었던)"表示。表示该定语所表示的动作、状态是在谓语所表示的动作、状态出现之前已经完成了。例如:

(6) 갔던 사람이 돌아왔다.

译文: 已经去的人回来了。

汉语中动词语做定语也是其主要句法功能之一, 但并非所有的动词定语都能呈现表时功能。由动词语做定语组成的偏正结构大体可分为如下两类:

A 类	B 类
进化的人类	进化的时间
浪费的时间	浪费的理由
抚养子女的父母	抚养子女的义务
种满花草的校园	种满花草的目的
捆行李的绳子	捆行李的方法

A类中动词语定语与中心语之间存在着动作与施事或主体、受事、处所、工具等语义关系, 因而都有相应的变换结构可以揭示这种语义关系, 而B类中动词语定语与中心语之间除修饰关系

之外并不隐含上述其他语义关系, 因此也没有相应的变换结构与之并存。事实证明, 一般只有A类中的动词定语能呈现表时功能, 而B类中的动词定语则没有表时功能。也正因如此, A类定语中可以出现时间词语或时态助词"了、着、过", 从而凸现动词语的时制功能, 而B类中则一般不能出现这类助词。因此, 汉语中动词做定语的偏正结构, 只有A类中的动词具有表时功能, 而B类中的动词则不具有表时功能。下面我们所谈的汉语定语动词的时制种类及其时制意义都是指A类中的动词定语。

汉语中动词定语所呈现的时制也是一种相对时制, 时间参照点也是句中谓语动词所表事件发生的时间(当句中谓语动词是"是"、"有"、"像"这类非动作性动词, 即没有确定时间特征的动词或形容词的时候, 时间参照点则是说话时间)。表现时制的手段或用时间副词、时间名词、表时间的方位短语和介词短语及其他表时间的短语等词汇手段, 或用在动词语后附加时态助词"了"、"着"、"过"的语法手段, 或表现为零形式。

汉语动词定语的时制类型不外乎两大类: 同时和异时(包括前时和后时)。例如:

(7) 正哭着的孩子看到妈妈来了, 哭得更厉害了。("哭"与"看"同时, 用"正……着"表示。)

(8) 把昨天晚上洗的衣服拿出去晾一晾吧。(异时 : 前时。"洗衣服"事件在"拿"之前发生。用"昨天晚上"表示。)

(9) 你们两个人先相互给对方讲一遍, 然后把讲过的故事写在纸上。(异时 : 前时。说话时"写"和"讲"均尚未发生, 但"讲"一定在"写"之前发生并结束。用"过"表示。)

(10)去北陵的同学请到小王那里报名。(异时：后时。"去北陵"事件在"报名"之后发生。用零形式表示。)

(11)下午将要来的客人是谁？(异时：后时。"来"事件在说话时间之后发生。用"下午"、"将要"表示)。

(二) 韩国语相对过去时的译法

显然, 韩国语动词定语的过去时、过去持续时、过去完成时在汉语中没有明显的形式上的对立, 他们总体上与"前时"相当。汉语的前时用前加表示过去时间的副词(如"已经"、"曾经"、"刚"等)、时间名词(如"当时"、"昨天"、"刚才"、"去年"等)、表时间的方位短语(如"几天前"、"一年前"等)以及歧义表时标记(如"上午"、"星期天"等)来表示(词汇手段), 或用动词后加时态助词"了"、"着"、"过"来表示(语法手段), 或者用动词的零形式来表示。

具体来说, 韩国语相对过去时译为汉语时, 多数可以在定语动词前加"已(经)"等时间副词, 有的通过动词后加结果补语(如"完"、"下去"等)的形式来表现, 有的通过后加"了"、"着"、"过"的形式来表现, 或者用动词的零形式表示。例如：

(1) 식사를 한 학생들은 먼저 가십시오.

译文：已经吃完饭的同学先走吧。或：吃了饭的同学先走吧。

(2) 그는 형님이 준 수첩에 자기가 한 일을 날마다 기록해 나갔다.

译文：他每天都把自己干过的事记在哥哥给的日记本上。

(3) 방금 전화를 한 사람이 누구예요?

译文：刚才打电话的人是谁？

(4) 저기에 앉아 있던 사람이 담배를 꺼내어 불을 붙였다.

译文: 在那儿坐着的人掏出了烟, 点燃了火。

(5) 나는 당신에게서 빌려온 신문을 다 읽었어요.

译文: 我读完了从你那借来的报纸。

韩国语动词定语的过去持续时的时制意义在汉语中或者用动词定语前加副词(如"正(在)"、"刚"等)、表过去时间名词(如"昨天"、"刚才"等)来表示, 或者用动词后加"着"、"过"来表示, 或者用动词的零形式来表示。例如:

(6) 아물어가던 상처가 도졌다.

译文: 正在愈合着的伤口又恶化了。

(7) 어제 하던 일을 계속합시다.

译文: 继续干昨天干过的活。

(8) 그는 자기가 보던 책을 나에게 주었다.

译文: 他把自己看的书给了我。

过去持续时还用来表示追忆以往的事, 这种用法的过去持续时汉语中往往可用动词后加"过"来表示, 或者用动词前加"曾(经)"来表示, 或者单纯用动词前加过去时间词语的方法来表示。例如:

(9) 우리는 당시 팔로군 359여단이 주둔하고 있던 남니만을 참관했다.

译文: 我们参观了当时八路军三五九旅驻扎过的南泥湾。

(10) 이것이 바로 아버지가 일하시던 공장이다.

译文: 这就是爸爸当年(曾经)工作过的工厂。

(11) 여기가 제가 어릴 때 다니던 초등학교입니다.

译文: 这是我小时侯就读过的小学。

将韩国语的过去完成时译成汉语时, 往往可在动词前加"曾(经)"来表示, 或者在动词后加"了"、"过"来表示, 或者用动词的零形式来表示。例如:

(12) 그는 작년에 신문사에서 만났던 기자에게 자기 소감을 발표했다.

译文: 他向去年在报社曾遇见过的记者叙述了自己的感想。

(13) 잃어버렸던 만년필을 도로 찾았다.

译文: 丢了的自来水笔又找到了。

(14) 이 자리는 선생님께서 앉으셨던 자리이다.

译文: 这是老师坐过的座位。

(15) 적에게 점령되었던 이곳이 우리 군대에 의하여 해방되었다.

译文: 敌人占领的这个地方被我军解放了。

需要特别指出的是, 韩国语和汉语对时制的区分程度有所不同, 韩国语对时制意义的区分更为细致, 也更为严格, 而且各种细致的区分可以通过不同的词尾表现出来, 而汉语则相对宽松。而且, 由于汉语中存在大量的零形式动词定语, 因此, 动词定语的时间性的确定对上下文的依赖性比韩国语大得多, 时间歧义句也比韩国语多得多。换句话说, 韩国语动词定语里一些需要区分的时间特征(用不同的时制词尾表现出来)在汉语里往往可

以用零形式表达, 由语境加以区分, 或者可以不予考虑。了解这一点对韩中翻译大有帮助。比较:

(16) 공장에 가는 사람들은 씩씩하게 걷고 있다.

译文: 去工厂的人在健步走着。("正往工厂去的人")

(17) 공장에 가던 사람들이 돌아왔다.

译文: 去工厂的人走着走着又回来了。("正往工厂去的人")

(18) 공장에 갈 사람들은 운동장에 모이시오.

译文: 去工厂的人请在操场集合。("要去工厂的人")

(19) 공장에 간 사람들이 벌써 일을 시작했다.

译文: 去工厂的人已经开始工作了。(相当于"到了工厂的人")

(20) 공장에 갔던 사람들이 돌아왔다.

译文: 去工厂的人又回来了。("去了工厂的人")

以上几句里的"가다"("去")在韩国语中分别用了现在时, 过去持续时, 将来时, 过去时, 过去完成时, 而在汉语句子里则都可以用零形式来表现, 而且例(16)、(17) 的韩国语定语时制的区分在汉语里则不作区分。再如:

(21) 주둔지에서 대기 중인 전사들은 출발 준비를 하고 있다.

译文: 在驻地待命的战士们正在做出发准备。

(22) 주둔지에서 대기 중이던 전사들은 상급의 명령을 받은 지 2분 만에 현장에 이르렀다.

译文: 在驻地待命的战士们接到上级命令两分钟就到达现场。

以上两句中的动词定语在韩国语中分别用了现在时词尾和过去持续时词尾，而在汉语句子里也都无法区分，翻译时自然可以加以忽略。[1)]

第二节 韩国语将来时句的译法

一、韩国语绝对将来时句的译法

韩国语绝对时中的将来时由动词词干加"-겠-다"构成，汉语的未然(相当于韩国语的将来时)主要用词汇手段、语法手段和零形式的无标手段来表现。因此，在翻译韩国语绝对时将来时句的时候，应根据需要选择汉语中恰当的未然表达手段。

(一) 用未然词语标记句对译韩国语将来时句

未然词语标记指的是那些具有表示句子所表事件是在说话之后将来发生的功能的词语，也就是说，未然词语标记具有独立的标时功能，当它处于句中谓语动词前的状语位置上时，即呈现绝对时的未然标时功能，句子的未然性可通过它来确定。例如:

(1) 他明天走。

比较: 他走(黏着句)

1) 关于韩国语和汉语动词定语时制更为详细的对比分析请参见李铁根、孙庆玉、方香(2000)。

(2) 这种人将来没什么出息！

比较：这种人没什么出息！(已然句)

以上两句分别由时间名词未然标记“明天”和“将来”承担全句的未然功能，如将二者去掉，则(1) 成为黏着句，(2) 成为已然句。

显然，汉语中的未然词语标记承担着重要的表达未然时制的功能。

汉语未然词语标记包括下列各种词语类型：

a. 时间名词：

明天　明年　后天　将来　改天

今后　来年　来生　下世　下辈子

b. 时间副词：

早日　及早　趁早　迟早　早晚

终将　届时　将　即将　将要　必将

快(要)　行将　赶明儿

立刻　立即　即刻　马上　就

赶紧、赶快　尽快　再[1)]

---

1) “立刻、立即、即刻、马上、就、赶紧、赶快、尽快、再”在一定条件下也可以用于表示过去事件的句子中。如当前句中另有小句或句子表明此句的参照时间，句中可能使用已然标记，也可能不使用，则这类副词标记可以呈现相对时的后时功能，即表示所说事件是在前句所述事件之后(很短的时间里)发生，从说话时间来看，事件已经发生。例如：

(1) 小芹去洗衣服，马上青年们也都去洗；小芹上树采野菜，马上青年们也都去采。

c. 表未然的动词语:

来 去

到时候(到时) 总有一天 有那么一天

呆(一) 会儿 过(一) 会儿 等(一) 下

从下个月开始 从后天起 打明儿起

d. 表未然的偏正短语:

下星期 下个月 下(个)星期一 下月1号

明天开会时 他后天走的时侯

后天上午十点 明年上半年 大后年年初

e. 表未然的方位短语:

下星期一以前/以后 后天晚饭之前/之后

f. 表未然的介词短语:

在下星期一 在不久的将来

于下月中旬 从明天到大后天 当明晚会议结束时

g. "下"量短语: 下次 下回 下把[1)]

在韩中翻译时, 如果韩国语原句谓语动词前包含以上各类表示具体将来时间的词语, 翻译时只须使用汉语相应词语标记对译即可。例如:

(3) 내일 비가 많이 오겠습니다.

译文: 明天会下大雨。

---

(2) 她放下电话, 马上就走了。

1) 关于现代汉语未然标记的详细描写分析请参见李铁根(2005)。

(4) 잠깐만 기다려, 그는 곧 올 거야.

译文: 你稍等一会儿, 他马上就来。

(5) 협의회는 잠시 후 조사결과를 발표할 것이다.

译文: 协议会过一会儿就要公布调查结果。

(6) 다음 달 나는 중국에 출장 갈 거야.

译文: 下个月我要去中国出差。

(7) 저녁을 먹은 후 너를 찾아갈께.

译文: 晚饭后我去找你。

(8) 이번 한 번만 용서해 주십시오, 다음에는 결코 하지 않겠습니다.

译文: 请饶我这一次吧, 下次我不敢了。

需要指出的是, 韩国语表达未来肯定要发生的事件不用将来时句, 而是用现在时句。因此, 韩国语表示具体将来时间的词语(如"明天"、"明年"、"下个星期"、"后天上午十点"等)既可以用于现在时, 又可以用于将来时。下列各句中都有表示未来具体时间的词语, 但都用了现在时句, 汉译文都可用"将"字未然句。

(9) 한국은 다음달 3일부터 원래 계획에 따라 독도(일본은 다케시마라함) 부근 해역에서 해류조사를 착수합니다.

译文: 韩国将于下月3日开始按原定计划对独岛(日本称竹岛)附近海域进行海流调查。

(10) 세계에서 해발이 가장 높고, 노선이 가장 긴 고원철도 청장철도는 원래 계획보다 1년 앞선 7월1일 개통 운행합니다.

译文: 世界上海拔最高、线路最长的高原铁路 ——青藏铁路将于7月1日开通运营, 比原计划提前1年。

(11) 중국 전국인민대표대회 상무위원회 관공서는 내일(29일) 오후 4시 인민대회당 대만관에서 신문발표회를 거행합니다 .

译文: 中国全国人大常委会办公厅将于明天(29日)下午4时在人民大会堂台湾厅举行新闻发布会。

(12) 한나라당 박근혜 대표가 피습 10일 만인 29일 오전 퇴원한다.

译文: 大国家党代表朴槿惠将在遇袭第10天29日上午出院。

(二) 用"将"字句对译将来时句

韩国语原句中有时并不出现具体的表示将来时间的词语, 只用将来时词尾表示将来时。汉语中与这类将来时句有一定对应关系的是"将"字句(包括"即将"、"将要"等"将"字类副词做状语构成的句子)。

"将"是现代汉语中使用频率最高的表示绝对时未然和相对时的后时标记, 是最典型的表示时制意义的标记。"겠"则是韩国语中表示将来时的词尾, 二者在各自语言中都是重要的时制标记, 但在用法上有同有异, 并不都能简单对译。[1)]

下列"겠"字句都可以译成"将"字句:

a. 表示某事件在说话之后的未来预定将要发生的"겠"字句。例如:

(1) 최근 80S농구팀 경기가 있겠습니다.

译文: 80S篮球队近期将有比赛。

---

1) 关于现代汉语"将"和韩国语"겠"的异同的详细考察分析, 请参见李铁根(2003)。

(2) 안정환의 거취는 2주 안에 결과가 있겠습니다.
译文: 安贞桓的去向将在两周内有结果。

b. 表示对未来事件进行预测、推测、推断的"겠"字句。例如:

(3) 오늘과 내일 남부 지방에서는 많은 비가 오겠고, 바람도 다소 강하게 불겠으니, 주의하시기 바랍니다.
译文: 今天和明天南部地区将有大雨, 并将伴有较强大风, 希望引起注意。
(4) 서울·경기도와 강원도 지방은 구름이 많겠고, 충청이남 지방은 흐리고 비(강수확률 40~90%)가 오겠습니다.
译文: 首尔、京畿道和江原道地区将有多云, 忠清道以南地区将阴有小雨(降雨概率40~90%)

c. 表示决心意志的"겠"字句。例如:

(5) 나는 팀과 나라를 위해 최선을 다해 싸우겠습니다.
译文: 我将全力以赴为球队、为我的国家而战。
(6) 우리는 계속 전진하여 제일 좋은 컨디션으로 스위스와 겨루어야 겠습니다.
译文: 我们将继续前进, 我们将以最好的精神状态迎战瑞士。

d. 用于引用宾语的"겠"字句。例如:

(7) 그는 "내년 중국에 유학 가겠습니다"하고 말하였다.
译文: 他说: "我明年将去中国留学。"

(8) 그는 내년 중국에 유학 가겠다고 말하였다.

译文: 他说他明年将去中国留学。

e. 用于假设、条件句主句的"겠"字句。例如:

(9) 우리가 2대0으로 앞선다면 승리는 절대적으로 우리의 것이 되겠습니다.

译文: 如果我们取得2比0的领先优势, 胜利将绝对属于我们。

(10) 스위스팀이 이번 경기에서 비기거나 한국팀을 이긴다면 출전권을 얻을 수 있겠습니다.

译文: 瑞士队只要在本轮比赛中战平或是战胜韩国队, 那么瑞士队将获得出线权。

尽管汉语"将"和韩国语的"겠"在表达未然时制意义上有相同之处, 但是, 二者在语法性质、标记类属等方面都存在很多差异, 所以不少"겠"字句没有"将"字句对应。

下列"겠"字句都不都能译成"将"字句, 而应该用其他形式来表现:

a. 口语中的"겠"字句。

"겠"和"将"语体色彩不同。"겠"没有口语和书面语的区别, 而汉语"将"具有较强的书面语色彩, 口语中用得少, 尤其在短句中。因此, 韩国语口语中经常使用的"겠"字句大部分都没有"将"字句与其对应。汉语口语中表示未然意义最常见的是使用具体的时间词语(如"明天"、"明年"、"下个星期"等), 或用助动词"要"、

“能”或副词“快要”、“就要”等, 或用“快……了”、“要……了”这类句式。因此, 翻译韩国语口语中的“겠”字句不能使用“将”字句, 而应选用上述形式。例如:

(11) 나는 여기 있겠다.

译文: 我要留在这里。

(12) 그가 잘 할 수 있겠지.

译文: 他能做好吧。

(13) 잘 먹겠습니다.

译文: 我要吃(不客气)了。

b. 疑问句和否定句中的“겠”字句。

除了在假设条件句中, 汉语“将”很少用于独立的疑问句和否定句中, 韩国语“겠”没这个限制。下面这类“겠”字疑问句和否定句都不能翻译成“将”字句:

(14) 당신 내일 중국에 가겠어요?

译文: 你明天去中国吗?

(15) 나는 내일 중국에 안 가겠다.

译文: 我明天不去中国。

c. 已然用法的“겠”字句。

“겠”在表示推测意义时, 除了可以用来表示对未来情况的推测之外, 还可用来表示对现在或过去某事的推测, 即表示已然(已经发生)。“将”没有表已然的用法, 因此, 下列已然用法的“겠”

字句都不能译成"将"字句:

(16) 서울은 지금 참 춥겠다.

译文: 首尔现在恐怕很冷吧。

(17) 이 토끼는 어제 죽었겠어요.

译文: 这只兔子是昨天死的吧。[1)]

(三) 用"看"字句对译韩国语将来时句

语气词"看"用在动词重叠式或动词短语(述宾短语或述补短语)后边, 表示一种尝试的语气。句中谓语动词所表事件都是尚未发生的, 因此, "看"可以看作未然标记。这个"看"在祈使句中最为常见, 但也可以用在非祈使句中, 有些韩国语将来时句即可用"看"字句对译:

(1) 내가 생각해 볼게.

译文: 我想想看。

(2) 내가 가서 물어 볼게.

译文: 我叫他去问声看。[2)]

(四) 用无标句对译韩国语将来时句

上文已经指出, 各类无标时制句的时制隐含有所不同。其

---

1) 以上二例引自李翊燮、任洪彬(1998)。

2) 关于"看"的详细论述, 请参看陆俭明(1959)。例(1)、(2)亦引自该文。

中出现在应答句中的(主语为指人名词)谓语为表示动作行为的单个动词的无标黏着句以及询问动作发生时间的疑问句、趋向动词谓语疑问句和带趋向补语的疑问句、谓语为连谓短语的疑问句等无标句只隐含未然功能。所以可以用这类句子直接对译韩国语的相应的将来时句。例如:

(1) a. 누가 경극을 할래요?
b. 제가 할게요.
译文: a. 谁唱京剧?
b. 我唱。(未然句)
(2) 사장님은 언제 가세요?
译文: 社长, 什么时候走?
(3) 누가 올라 갈래요?
译文: 谁上去?
(4) 당신은 어디에 가서 물건을 살래요?
译文: 你上哪儿买东西?

此外, 有相当多的无标句同时隐含两种时制功能, 即在不同的语境中分别呈现已然或未然的时制功能, 下面各种句子都隐含两种时制功能。因此在韩中翻译的时候, 在上下文语境明确的情况下, 我们可以用这些无标句对译韩国语的将来时句。例如:

(5) a. 내일 저는 집에서 빨래를 할건데 당신들은 무엇을 할래요?
b. 그는 집 정리를 하고 나는 시장에 가서 야채를 살거예요.

译文: a. 明天我在家洗衣服, 你们干什么?

b. 他收拾房间, 我去市场买菜。(未然句)

(6) a. 다 배치하셨어요?

b. 다 배치하였어요.

a. 총장은 어디에 앉으시고 부총장은 어디에 앉으실 거예요?

译文: a. 都安排好了吗?

b. 安排好了。

a. 校长坐哪儿, 副校长坐哪儿?(未然句)

(5) a. 듣자니 당신 내일 고향에 가신다고 하던데 맞으세요?

b. 네 맞아요.

a. 어떻게 가실 거예요?

译文: a. 听说你明天回老家, 是吗?

b. 对。

a. 你怎么回去?(未然句)

(6) a. 내일 우리 공원에 가서 놀아요.

b. 무슨 차로 가실래요?

译文: a. 明天我们去公园玩吧。

b. 坐什么车去?(未然句)

(五) 用歧义标记句对译韩国语将来时句

如上文所说, 歧义表时标记隐含表已然和未然两种功能, 可以与已然和未然两种标记搭配使用。所以, 只要上下文处于将来时语境中, 其中的歧义表时标记即可呈现将来表时功能, 因此, 我们还可以用它来表现韩国语的将来时意义。例如:

(1) 나중에 나는 군대에 가면 꼭 훌륭한 성과를 낼 거예요.

译文: 以后我去当兵, 一定要干出点名堂来。

(2) 내가 21일 북경에 도착하면 그때 많은 친구들이 날 보러 올 거예요.

译文: 我21日到北京, 那时候会有很多朋友来看我。

(3) 내년 나는 먼저 상해에 가고 그다음 광주, 마지막에 신강에 갈 거예요.

译文: 明年我先去上海, 以后去广州, 最后去新疆。

(4) 4월 22일 나는 영어 입학시험을 치러야 해서 너와 같이 놀 시간이 없어.

译文: 4月22日我参加英语入学考试, 没时间跟你去玩。(说话时间为4月20日, 未然句)

二、韩国语动词定语将来时句的译法

韩国语动词定语将来时是一种相对时制, 用词尾"ㄹ(을)"表示。这种相对将来时表示该定语所表示的动作、状态将在谓语所表示的动作、状态出现之后才出现。往往兼表推测、可能、意愿、应该、打算等意思。例如:

(1) 나는 공장으로 갈 사람들을 기다린다.

译文: 我在等待着将要去工厂的人。(现在时句)

(2) 나는 공장으로 갈 사람들을 기다렸다.

译文: 我等了将要去工厂的人。(过去时句)

(3) 나는 공장으로 갈 사람들을 기다리겠다.

译文: 我将等待将要去工厂的人。(将来时句)

以上三句中动词定语"공장으로 갈 사람들은"(将要去工厂的人)中动词词尾"ㄹ"表示"가다"这一动作将发生在谓语动词"기다리다"这一动作之后, 尽管从说话时间来看, 例(2) 中的"가다"在说话之前可能已经发生了。

韩国语定语将来时与汉语定语异时里的后时相对应, 二者可以互译。但是韩国语中的将来时必须用词尾"ㄹ(을)"来表达, 不管动词前是否有表示将来时间的词语出现。而汉语将来时主要用时间名词、时间副词以及歧义表时标记等词汇标记来表示, 如上举例(1)、(2)、(3) 都是用时间副词"将"、"将要"来表示原句的相对将来时意义, 再如:

(4) 어머니는 동생이 **쓸** 모자에다 수를 놓고 계신다.

译文: 妈妈正在给弟弟将要戴的帽子上绣花。

(5) 내일 **갈** 사람들은 지금 어디에서 쉽니까?

译文: 明天走的人现在在哪儿休息?

(6) 그때 나는 북경에서 곧 열리게 **될** 학술회의를 위하여 논문을 준비하고 있었다.

译文: 当时我正为即将在北京举行的学术会议准备论文。

以上各例的汉译文分别用时间副词"将要"、"即将"和时间名词"明天"来表示韩国语中的相对将来时意义。

汉语也可以用歧义表时标记或零形式来表示相对将来时

意义, 例如:

(7) 그는 지금 월요일 날 제출해야 하는 숙제를 하고 있어요.

译文: 他正在做周一得交上去的作业。

(8) (만리) 장성에 갈 사람은 쇼왕한테 신청하세요.

译文: 去长城的人请到小王那里报名。

此外, 韩国语相对将来时词尾后边如果和表示时间的名词"적(时候)", "때(时候)", "무렵(时候)"相连时, 就没有时态意义(也叫超时制), 只表示该动词是定语。这种定语将来时词尾的超时制用法, 在汉语中也只能用零形式来表现。例如:

(9) 박선생은 출장을 나갈 때에도 신문을 가지고 다닌다.

译文: 老朴出差时也带书和报纸。

(10) 그는 갈 때에 책을 가지고 갔다.

译文: 他走的时候把书带走了。

韩中翻译练习(四)

一、翻译下列过去时句。

1. 그는 반시간전에도 여기에서 공연을 보고 있었어요.
2. 그는 이전에 상해에 한번 갔었는데 그의 말로는 그 이후 한 번도 간 적이 없다고 하였다.
3. 1966년 담배꽁초 때문에 발생한 대형 화재는 32일 동안 지속되었으며 52만 헥타르의 산림을 훼손시켰다.
4. 작년, 여기에서 교통사고가 발생하여 사망자 30명, 부상자 60명이 속출하여 큰 충격을 주었다.
5. 11시가 되어 파출소 사람이 또 왔다.
6. 그는 핸드폰으로 국제전화를 했다.
7. 너는 그때 어디에서 초등학교를 다녔었니?
8. 너는 어제 그 영화관에서 영화를 보았어?
9. 전에 내가 너를 어떻게 교육했어? 지금 다 잊었어?
10. 그는 중국에 있을 때 이 문제를 몇 번 생각했었다.
11. 얼마 전 어느 휴일에 우리 부부는 아들을 데리고 서울 대공원에 갔다.
12. 작년에 그는 그런 종류의 책을 이미 5권 샀는데 지난 주 일요일에 또 2권 샀다.

二、翻译下列包含相对过去时的动词定语句。

1. 외지에서 일하던 딸이 집에 돌아왔다.
2. 나는 당신에게서 빌려온 신문을 다 읽었어요.
3. 아물어가던 상처가 도졌다.
4. 그는 작년에 신문사에서 만났던 기자에게 자기 소감을 발표했다.
5. 누워있던 어머니가 아이의 울음소리에 벌떡 일어나 앉았다.
6. 저기에 앉아 있던 사람이 담배를 꺼내어 불을 붙였다.
7. 그는 어릴 때 겪은 이야기를 아이들에게 해주고 있다.
8. 뒷좌석에 앉은 남자는 회의 중에 아무 말도 하지 않았다.
9. 조금 전까지 잘 놀던 아이가 울기 시작했다.
10. 늙으신 부모를 모셔야 하고 철부지 아이 셋을 돌봐야 하는데 늘 앓기만 하는 아내마저 시중들어야 하는 처지였으나 못 살겠다는 소리 없었고 보조금 좀 주십시오 하고 손을 내민 적도 없었다.

三、翻译下列将来时句。

1. 안정환의 거취는 2주 안에 결과가 있겠습니다.
2. 왕 선생님이 연수 가시게 되었으니 시급히 보결할 사람을 찾아야겠다.
3. 먼저 장모가 사위에게 기러기를 전달하겠습니다.
4. 금년 이후 20년 내에 지구 기후는 큰 변화가 일어나겠습니다.

5. 주최국 독일팀이 브라질팀과 결승전을 하겠는데 지난 번 경기와 별반 다를 바가 없어 재미없을 것입니다.
6. 나는 팀과 나라를 위해 최선을 다해 싸우겠습니다.
7. 우리는 계속 전진하여 제일 좋은 컨디션으로 스위스와 겨루어야 겠습니다.
8. 당신은 일주일 내에 유혈 사건이 있겠으니 일을 행할 때 꼭 조심해야 합니다.

四、翻译下列包含相对将来时的动词定语句。

1. 책을 볼 때는 항상 메모하는 습관을 가지는 것이 좋다.
2. 내일 갈 사람들은 지금 어디에서 쉽니까?
3. 고현정이 주연할 드라마는 연상연하 커플의 사랑을 다룬 멜로드라마입니다.
4. 이상 두 가지 선택은 "개혁파"가 잠깐의 침묵 후에 두 번째 혁신을 일으키리라는 것을 증명해 준다.
5. 만약 귀사 측이 가격을 에누리할 여지가 조금도 없다면 저희로서는 포기할 수밖에 없습니다.
6. 내일 책을 살 사람은 서점에 같이 갑시다.
7. 몇 시간 후면 떠날 사람이 도대체 어디 간 거야?
8. 나는 여기를 떠날 생각이 없어.

五、将下列短文翻译成汉语。

1. 계명대학교 동산의료원의 전신 제중원(濟衆院)

존슨 선교사는 성탄절이며 주일날인 1897년 12월 25일 조랑말을 타고 대구 남문 안에 들어왔다. 그는 2년 뒤 1899년 진료소로 사용할 작은 한옥 한 채를 마련하고 단순히 약품만 팔면서 '미국약방'간판을 달았고, 모든 준비가 다 되어 치료 활동을 하면서부터 '제중원(濟衆院)'이란 간판을 내걸었다. 존슨이 진료소를 개원한 시기는 1899년 12월 24일로 추정된다. 이 진료소가 영남지역 최초로 서양의술을 도입한 '제중원(濟衆院)'이며 계명대학교 동산의료원의 효시이기도 하다.

제중원을 개원한 후 다음해 여름까지 1,700명의 환자를 치료했으며, 이들 중 중환자가 800명, 수술환자 50명, 왕진환자가 80명이었다. 1901년과 1902년 사이 치료 환자 수는 2,000명을 기록했다.

2. 한국근대음악의 선구자—작곡가 박태준

지금으로부터 100여 년 전, 일제강점기 시절 대한민국 국민의 마음에는 나라 잃은 설움과 고통이 가득했다.

그러나 그 시절 일본의 독재로 인해 국민의 마음에 내리던 찬서리를 녹여 주던 따뜻한 희망 같은 노래를 만든 사람이 있었다.

그는 바로 작곡가 박태준 선생(1900~1986)이다. 당시 대한민국은 서양음악의 불모지에 가까웠다. 이런 상황에서 박태준 선생은 다양한 음악활동을 통해 한국 서양음악사의 기초를 다져나갔다.

박태준 선생이 1920년에 작곡한 '기러기'와 '가을밤' 등의 동요는 기존에 최초의 동요라고 알려져 있던 윤극영의 '반달'보다 6년이나 앞서 만들어졌다.

또한 박태준 선생이 1922년 그의 나이 22세에 완성한 '동무생각'은 우리나라 최초의 가곡이다.

박태준 선생은 우리나라 최초의 동요와 가곡을 작곡하였을 뿐 아니라 그의 대표곡 '오빠생각', '맴맴', '소나기', '미풍'과 같은 곡을 포함한 150여 곡의 동요와 가곡을 작곡하며 대한민국의 위대한 작곡자로서 자리 잡았고 그의 노래들은 그가 떠난 지금도 많은 사랑을 받고 있다.

대구 중구문화원과 대구지역 문인들이 박태준 선생의 뜻을 기려 2009년, 청라언덕에 노래비를 세웠다.

3. 대구 3·1운동길

선교박물관에서 의료박물관으로 가는 길에는 3·1운동을 위해 태극기와 독립선언서 등을 운반했던 비밀 루트를 볼 수 있다. 지금은 그 형태를 알아보기 힘들지만 대구 남성로에서 큰 장터로 가는 지름길이었고, 나무들이 우거져 발각되지 않고 만세운동 도구들을 운반할 수 있었다.

1919년 3월 8일 대구에서 일어난 3·1운동은 제일, 서문, 남산 3개 교회의 교인들과 계성, 신명, 성서학당의 학생들 그리고 대구고보(현 경북고등)의 학생들, 기타 많은 시민들이 합세하여 일으킨 범시민적 항일독립운동이었다. 거사에 미리 계획한 집결지는 큰 장터 강 씨 소금집 앞 빈터(현 섬유회관 정문 건너편)였다. 시위 참가자들이 이곳에 집결하기 위해서는 먼저 시장 구석구석 잠복

한 사복 형사들의 감시망을 피해야 했다. 일반 교인들은 장사꾼으로 변장하여 시장 안으로 들어갔고 계성학교 학생들은 흰 두루마기를 입고 장사꾼인 체 하고 교문을 빠져나와 길 건너 동산의료원 솔밭 사이로 흩어져 들어가 거사 예정지로 접근했다. 일부 신명학교 학생들은 빨래하러 가는 척 대야에 헌 옷가지를 담아 들고 버들치 냇가로 내려갔다. 그 당시 빨래터는 지금 제일교회 입구와 계산성당 사이의 흐르는 냇가에 있었다.

그리하여 평소에 사람들의 눈길을 끌지 못했던 동산병원 언덕 솔밭은 대구 3·1운동 거사의 중요 비밀 통로가 되었다. 지금은 옛날 울창했던 숲도 사라져 버렸고, 그 속에 있었던 작은 오솔길도 물론 사라지고 없다. 그 길을 지나간 많은 애국 청년들의 발자취 또한 찾아 볼 수 없다. 그러나 그 땅을 밟았던 애국 학생들의 힘찬 발 디딤은 지금도 땅 속에서 큰 진동으로 남아 지금도 크게 숨 쉬고 있다.

3·1운동 발발 84주년(2003년)을 맞아 지난날 3·1운동 거사에 역사적 의미를 담고 있는 이 동산의료원 언덕과 지난날 솔밭과 닿았던 이 도로를 '대구 3·1운동길'이라 이름지어 대구 3·1운동의 고귀한 정신을 후세에 기리고 있다.

4. 날씨정보

5월 21일 토요일 주말인 내일 날씨는 계속해서 동해상에 위치한 고기압의 영향으로 전국이 대체로 맑겠으나, 제주도는 가끔 구름 많겠다. 낮 최고기온은 서울·춘천·대전·광주 31도로 무더위가 이어지겠다.

주말인 내일 미세먼지 농도는 20일보다 농도가 다소 낮을 것으로 예보됐다.

주말 내일 전국 각 지역별 아침 최저기온(날씨)은 서울 17도, 춘천 13도, 강릉 15도, 대전 13도, 청주 16도, 대구 12도, 광주 16도, 전주 15도, 부산 16도, 제주 17도, 울릉·독도 14도로 예보됐다

내일 전국 각 지역별 낮 최고기온(날씨)은 서울 31도, 춘천 31도, 강릉 23도, 대전 31도, 청주 30도, 대구 28도, 광주 31도, 전주 30도, 부산 25도, 제주 23도, 울릉·독도 20도로 전망됐다.

기상청의 간추린 전국 이번 주(금주) 주말, 다음 주 주간 날씨정보(5월 21~26일)에 따르면 이번 예보기간에는 기압골의 영향으로 24일은 중부지방에, 26일은 제주도에 비가 오겠다.

그 밖의 날은 고기압의 가장자리에 들어 가끔 구름이 많겠다.

기온은 평년(최저기온 : 10~16도, 최고기온 : 21~27도)보다 조금 높겠고, 강수량은 평년(1~9mm)보다 남부지방은 적겠으나, 중부지방과 제주도는 비슷하겠다.

5. 미 이지스함 2척 한반도 해상서 대잠훈련

미국 해군의 이지스 구축함 2척과 한국 해군이 19~24일 한반도 근해에서 북한의 다양한 도발 상황을 상정한 연합 해상 훈련을 실시할 것으로 18일 확인됐다. 북한의 5차 핵실험과 미사일 도발 위협에 대한 경고 메시지가 될 것으로 보인다.

주한미군 소식통에 따르면 미 해군 이지스함인 디케이터(DDG-73·8880t)와 맘슨(DDG-92·9300t)이 19일부터 서·남해상에서 한국 해군 구축함, 대잠헬기 등과 함께 대함, 대잠 훈련을 진행한다.

미 해군의 서태평양 전진배치선단 소속인 이들 이지스함에는 북한의 탄도미사일을 요격할 수 있는 SM-3 미사일과 수천 km 밖의 표적을 정밀 타격할 수 있는 크루즈 미사일, 어뢰, 함포 등이 탑재되어 있다.

특히 디케이터는 2013년 서태평양 마셜 제도 근해에서 북한의 무수단 미사일을 상정한 중거리 미사일을 고고도미사일방어(THAAD·사드) 체계로 요격하는 시험 발사에 성공해 주목을 끌었던 함정이다. 한미 해군은 이번 훈련에서 북한의 잠수함발사탄도미사일(SLBM) 기습 발사 시 탐지 식별하는 훈련도 진행할 것으로 알려졌다. 주한미군 관계자는 "이번 훈련은 한미 해군의 연합 작전 능력을 제고하고 한반도 방어와 역내 평화 안정을 유지하기 위한 순수한 방어적 성격의 훈련"이라고 말했다.

한편 한국과 미국 일본 3국의 이지스함은 6월 말 하와이 근해에서 사상 처음으로 북한의 탄도미사일 경보 훈련을 실시한다. 미국이 북한 미사일로 가정한 항공기를 띄우면 3국의 이지스함이 이를 탐지 추적해 비행 궤도를 포착한 뒤 관련 정보를 공유하는 방식으로 진행된다.

第五章 韩中翻译方法和技巧(下)

第一节 新闻报道的翻译

通过各种新闻媒体了解韩国是中国人了解韩国信息最有效最快捷的方法之一。也正因如此，韩国几家大的新闻网站，如《朝鲜日报》、《东亚日报》、《韩联社》、《中央日报》等大型报业集团网站都提供了中文新闻服务，因而新闻报道韩译汉的工作量也越来越大。但由于翻译人员素质良莠不[illegible]，汉译新闻错漏百出，严重影响了韩国语信息的准确传达。例如下面这两个标题汉译文都有明显的表达错误：

(1) 韩半岛发生紧急情况时，日本行使集体自卫权需与韩美日协商

修正文：韩半岛发生紧急情况时，日本行使集体自卫权需与韩美协商

(2) 朴总统回国后立刻为金泳三前总统致哀

修正文：朴总统回国后立刻向金泳三前总统致哀

例(1) 出现逻辑错误，日本行使集体自卫权怎么还需与日本协商？例(2) 的标题句则出现介词使用错误，将"向金泳三前总统致哀"说成"为金泳三前总统致哀"。

显然，提高新闻报道韩中翻译质量已成为新闻界亟需解决的问题之一，应该引起广泛的注意。下面我们简略谈谈翻译消息类新闻报导文章时需要注意的问题及应该采用的方法。

一、准确表现原标题含义

新闻标题是新闻报道的极为重要的组成部分。俗话说"看书先看皮，看报先看题"。新闻标题对于吸引、引导人们阅读新闻报道具有举足轻重的作用。

具体来说，新闻标题具有如下作用：

a. 提示新闻内容：新闻标题是以最精练的文字将新闻中最重要、最新鲜的内容提示给读者。在很多情况下读者只看标题就能大概了解新闻的内容。

b. 评价新闻内容：标题不但简明扼要地介绍新闻内容，而且能够代表编辑部评价新闻内容。一则好的新闻标题具有鲜明的思想性，不仅能向读者提示新闻内容，而且能帮助读者理解新闻内容的性质和意义。标题对新闻内容的评价方法有很多：1)通过对新闻事实的选择进行评价。2) 通过把新闻事实安排到标题中的不同位置进行评价。3) 通过对新闻事实的直接发表议论进行评价。4) 通过特定的叙事方式进行评价。

c. 吸引读者注意并阅读新闻：编辑制作标题，不仅要注意通过标题向读者提示和评价新闻事实，而且要善于用生动优美的形式去吸引读者阅读新闻。因此，标题表现形式是否生动优美，也是吸引读者阅读不可忽视的一方面。

现在是信息爆炸时代，每天世界各地的新闻铺天盖地，层出不穷，而现代人由于时间所限，只能有选择性地阅读一部分新闻，不可能详细阅读每一篇新闻，因此通过标题筛选新闻就是最常见的途径。所以新闻记者在撰写新闻时，非常注意标题的拟定，力求简明扼要，富含信息量，而且鲜明生动，富有吸引力，能引起读者的阅读兴趣。

正因为标题具有上述作用，所以标题翻译是新闻报道翻译一个极为重要的部分，在翻译时需要给予充分的注意，并应仔细斟酌。具体需要注意如下三点：

(一) 如实传达原标题内容

新闻标题翻译的最基本的要求就是如实传达原标题的准确含义，不能根据自己的理解随意窜改。下面这个标题的汉译文准确反映了原标题的含义：

(1) "수임료 여왕이 자상했던 최부장판사라니..."

译文："'律师费女王'居然就是昔日慈祥的首席法官？"

比较下面这几个标题的译文和修正文就不难发现，原译文随意窜改了原标题的含义，与原标题大相径庭：

(2) 한류 바람 타고… 세계에 TOPIK 열풍

原译文：韩流让韩国语人气急升

修正文：韩流让世界掀起TOPIK热潮

(3) 왕과 궁녀는 어떤 옷을, 어떻게 갖춰 입었을까

原译文：王室如何穿衣？韩国举办王服饰着装展示会

修正文: 朝鲜国王和宫女穿什么样的衣服？穿法如何？

(4) '서울의 역사' 100만여 점 한자리에

原译文: "首尔的历史" 一览无遗的首尔记录

修正文: 集100多万件档案于一身 再现首尔历史

下面这几个标题的原译文都随意删掉了原标题的一部分内容:

(5) "김일성 생일 새벽 동사무소에 게양된 북한국기 감쪽같이 사라져…함경북도 발칵"

原译文: 金日成诞辰日发生朝鲜国旗神秘消失事件

修正文: 金日成诞辰日洞事务所悬挂的国旗神秘消失 咸镜北道鸡犬不宁

(6) 130kg 김정은, 3시간 서서 읽다가 목소리 갈라져

原译文: 130公斤的金正恩朗读3小时后声音嘶哑

修正文: 130公斤的金正恩站着宣读3小时后声音嘶哑

(7) 김정은 "경제는 한심" 실패 자인… 개혁·개방은 거부

原译文: 金正恩承认经济失败 拒绝改革开放

修正文: 金正恩表示"经济令人寒心" 承认经济失败却拒绝改革开放

(8) 산악사고 급증의 계절… '아침 북한산행 50대' 조심하세요

原译文: 登山事故剧增的季节, 请千万小心

修正文: 登山事故剧增季节来临, 五十多岁的晨登北汉山者请注意安全

(9) "한-일 계속 방어할 것" 외교공약 톤 낮춘 트럼프

原译文: 特朗普降低调门: "将防守韩国和日本"

修改文: 特朗普降低外交调门: "将一直防卫韩国和日本"

(二) 补出省略的部分

限于篇幅, 并为重点突出, 韩国语新闻标题中常省略某些成分, 以及表现语法关系的助词和词尾。为使汉译文句内各成分间语法关系更加明确, 表义更加完整, 在翻译这类有省略的韩国语新闻标题时, 要注意补出某些词语。例如:

(1) 박대통령, 총선 결과 관련 첫 언급 "민의 수용"

译文: 朴总统首次谈及国会选举结果, 表示"接受民意"

(2) "北의 최상류층 1%… '평해튼'서 호화생활"

译文:《华盛顿邮报》: 朝鲜1%最上流阶层在平壤曼哈顿过着豪华生活

(3) 게임홍보 여성도우미 30명 파견 논란

译文: 派遣30名女游戏宣传服务员引起争论

(4) 김정은, 先軍 넘어 先核정치

译文: 金正恩: 超越"先军"实施"先核"政治

(5) 서울대공원 대식가는 아시아 코끼리... 하루 100kg 쓱싹 1위

译文: 首尔大公园内亚洲象健食排名第一 每天进食100公斤

(6) 수영 여자 5명 리우행 티켓

译文: 韩国5名女子游泳选手获得里约奥运会参赛权

(7) 홍용표 통일장관 "북 군사회담 제의는 면피용"

译文: 统一部长官洪容杓: "北韩提议军事会谈是逃避责任的伎俩"

(三) 准确反映时态特点

韩语新闻报道文章标题常常不用时态词尾, 以体词结尾。所以在韩中翻译时要弄清原文标题的时态特点, 然后用汉语表时标记或用相应的无标时制句准确表现原文的时态意义。例如:

(1) 무역규모 5,000억달러 시대

译文: 韩国贸易额5000亿美元时代已经到来

(2) 유엔 법률전문가 북변호사 교육

译文: 联合国法律专家将培训北韩律师

(3) 트럼프 되는 날… 주한미군 철수·FTA 재협상 '한반도 충격파'

译文: 特朗普若当选总统将引发韩半岛冲击波: 驻韩美军撤出、韩美FTA重新谈判

(4) 쌀 협상 비준동의안 국회 본회의서 통과

译文: 大米协商批准动议案在国会全体会议上通过

(5) 새튼교수, 당분간 한미 모든 언론과 인터뷰 거부

译文: 夏腾教授拒绝韩美媒体采访

(6) 러시아도 북 자산 동결-금융거래 전면중단

译文: 俄罗斯也冻结北韩资产 全面中断金融交易

(7) 재미사업가 부부, 모교 서울대에 12억 또 기부

译文: 旅美企业家夫妇再次向母校首尔大学捐赠12亿韩元

(8) 사립대 로스쿨 11곳 등록금 15% 인하

译文: 韩国11所私立大学的法学院将下调15%的学费

下面这个标题则没有反映原标题的时态特点, 很容易造成误解:

(9) 미 이지스함 2척 한반도 해상서 대잠훈련

译文: 美军两艘宙斯舰在韩半岛附近海域举行反潜演习

修改文: 美军两艘宙斯舰将在韩半岛附近海域举行反潜演习

例(9) 原译文在汉语中是表示已然的无标句, 表示所述事件已经发生, 而原文标题所述事件是尚未发生的未然事件, 故应译为汉语的未然句, 须加上未然标记"将"。

当然, 韩国语也并非一概不用时制句做标题, 有时为了表示强调也使用现在时或过去时, 这时只需如实译出即可。例如:

(10) 병목자리 돈 올린다(现在时)

译文: 瓶颈地段收益可观

二、善于化整为零

韩国语新闻报道文章中经常使用长句, 这是韩汉新闻翻译的难点之一。

据专家调查, 韩国新闻报道的句子平均字数为62.3字, 超过70字的长句也极为常见, 而标准长度应该在50字左右。不少新闻报道段落短小, 一句一段。其句子结构多采用"扩展的简单句"和复句结构, 很多情况下都很难用汉语的一个句子准确对译, 即使勉强译出, 译文也大都不符合汉语表达习惯。因此, 最有效的方法是利用拆分法, 化整为零, 将长句拆分成若干个短句, 将复杂定语、状语独立出来, 分别予以叙述, 这样就能大大降低理解的难度。例如:

(1) 1969년 영국 종합물류유통회사 부커 그룹이 제정해 '부커상'으로 불리다 2002년 금융투자회사 맨 그룹이 후원하면서 지금의 이름으로 바뀌었다.

译文: 该奖由英国综合物流公司布克集团于1969年设立, 当时命名为"布克奖", 从2002年起该奖开始接受金融投资公司曼集团的赞助, 故改为现名。

(2) 명보에 따르면, 공산당 내에서는 이미 지난해부터 시 주석에 대한 개인숭배 분위기가 이슈가 됐고, 11월부터는 신화통신과 인민일보 등 중앙 매체들에 대해 '시다다'라는 표현을 금지해 왔다.

译文:《明报》在报道中说, 从去年起, 对习近平进行个人崇拜的气氛已经在共产党内部成为有争议的话题, 于是从11月起中国开始禁止新华社和人民日报等中央媒体对习近平使用"习大大"这个称呼。

(3) 추 대사는 이날 서울 프레스센터에서 열린 '서울대 정치외교학부 총동창회' 정례조찬회에서 '한중관계의 현재와 미래'를 주제로 한 강연에서 "중국은 북한과 정상적 국가관계를 만들기 위해 계속 노력하고 있고, 북한이 정상적 국가로 세계와 잘 융합하도록 추구하고 있다"면서 이같이 말했다.

译文: 当天, 邱大使出席在首尔新闻中心举行的"首尔大学政治外交学部总同学会"例行早餐会, 并以"韩中关系的现在与未来"为题发表演讲, 在演讲中说道: "中国一直在努力与北韩建立正常的国家关系, 并努力促使北韩以正常国家的姿态融入到世界大家庭中。"

三、注意人物称谓词语的位置

新闻报道文章中经常出现社会各界人物，为让读者详细了解人物背景，常常在人物姓名前后冠以各种职务、职称、荣誉称号等。而韩国语和汉语职务称谓与人名之间的排列位置有所不同，须予以注意。

汉语职务、职称称谓、学位名称既可以放在姓名后边，例如：

王校长　　　李刚局长
赵大卫书记　陈宝义博士
方晓军教授　武大强处长

也可以放在姓名前边，例如：

校长杨树林　局长欧阳柱
博士于春思　教授黎自强
校长林立志　处长金秀一

但如果职务、职称称谓、学位称号前边有具体修饰语限制时，该称谓只能放在姓名之前，而不能放在姓名之后。例如：

沈阳市第一中学校长吴晓力
对外贸易局局长石磊
教育学荣誉博士获得者钱锦

大连教育学院招生科科长朱耀潜

大连市人大代表郭桌寺

省文化局局长刘飞燕

历史学硕士方治军

而这类称谓在韩国语里则可以放在姓名之后，因此在翻译时一定要根据汉语习惯将这类称谓移到姓名之前。例如：

국민의당 안철수 상임공동대표

译文：国民之党常任共同代表安哲洙

더불어민주당 문재인 전 대표

译文：共同民主党前代表文在寅

새누리당 오세훈 전 서울시장

译文：前首尔市长、新国家党的吴世勋

더불어민주당 박원순 서울시장

译文：首尔市长、共同民主党的朴元淳

새누리당 김무성 전 대표

译文：新国家党前代表金武成

더불어민주당 김부겸 당선인

译文：共同民主党当选议员金富谦

더불어민주당 안희정 충남지사

译文：忠南知事、共同民主党安熙正

이지연 통계청 인구동향과장

译文：统计厅人口动向科科长李知娟

박병준 Park 패밀리 파운데이션 이사장

译文: 朴氏家族基金会理事长朴秉俊

리커창 중국 총리

译文: 中国总理李克强

四、掌握新闻报道常用语

新闻报道的格式固定, 套话很多, 这是由新闻报道必须迅速的特点决定的。汉语和韩国语新闻报道中都有一些常用语。如韩国语新闻报道中有"ㄴ/은 것으로 알려졌다,ㄴ/은 것으로 전해졌다, ㄴ/은 것으로 나타났다, …다는 지적도 있다, …와 관련해"等常用语, 汉语新闻报道中则常用"据了解"、"据悉"、"获悉"、"据报道"、"据某某介绍"、"某某说/指出/强调"这类常用语。再比如:

A는…라고 예측하고 있다(전망했다), …라고 것이 A의 예측있다(전망했다)—据……预测

… 다는 지적도 있다—有人指出

… 와 관련해—就……问题

… 기로 합의했다 — 就……达成一致, 一致认为……, 一致决定……

… 기로 했다—决定

… 는 데 의견을 모았다—交换意见

熟悉韩中新闻报道中表义相当的对应套话无疑会大大提高韩中新闻对译的速度。

此外, 新闻报道是一种书面语体, 所以经常使用书面语词。韩译汉时应注意使用书面语词, 以表现原文的书面语色彩。比较下面的书面语词与对应的口语词:

书面语词	口语对应词	书面语词	口语对应词
我国	我们国家	此	这
并	一起	其	他 / 她 / 它(们)
该	这个、应该	故	所以、因此
应	应该	达	达到
须	必须	于	在、比
需	需要	与	和、跟
知	知道	仅	只有
称为	叫做	之	它、的
至	到	未	没有
若、如	如果、要是	入	到
如何	怎样	望	希望
以	用、把	者	的人
但	但是	应试	参加考试
尚	还	因……而	因为……, 所以
均	都	以……为	把……当作
为	是、作为	自……起	从……开始

韩中翻译者应熟练掌握这些新闻报道中常用的书面语词, 并能在韩中翻译时根据表达需要善加选用, 以保持原文的文体色彩。还有一些仅在书面上使用的词, 如"加(以)"、"予(以)"等, 也需要掌握并能熟练运用。

第二节 图片、影像说明文的翻译

一、图片、影像说明的重要性

在新闻报道中, 在博物馆、图书馆、展示馆展示活动中, 在旅游景点介绍手册中, 图片影像(包括图画、照片、摄像、视频作品等)是极为常用的宣传媒介。因为它具有形象性、生动性、直观性, 作用于人的视觉器官, 能让人一目了然的感受并领会相关信息, 比读长篇大论的文章介绍更省时省力, 因此深受人们的喜爱。为使图片影像更容易让人理解, 常常在图片影像下配以文字说明(以下简称为图片说明), 它具有画龙点睛的作用, 能使图片影像锦上添花, 提高宣传效果。

为满足中国读者和观光游客的需要, 韩国各类图片说明下常常配以汉译文。但由于韩译汉人才的缺乏, 不少韩中翻译工作请一些非专业的翻译人员完成, 因而译文质量难以保证, 不少汉译文错漏百出, 不仅使图片、影像说明起不到补充、衬托或强化图片、影像内容的作用, 反而起到了反面作用, 严重影响了图片影像信息的准确传达。因此, 图片说明文字的翻译虽然简单, 但也应当得到充分的重视和认真的研究。

那么, 怎样才能翻译好图片说明文呢?

下面我们结合实际谈谈在翻译图片说明文时需要注意的问题及应该采用的方法。

二、图片说明必须如实反映原文的内容，不可随意窜改

对图片影像说明的韩中翻译最基本的要求仍然是如实反映原文内容，不得歪曲甚至随意窜改。要做到这一点首先就要求译者对原文有准确无误的理解，尤其是原文中涉及到一些专业知识内容时，更应注意选择与其相配的词语和结构加以准确表现。下面这个图片说明的译文就如实反应了原文的内容，尽管涉及医疗专业知识，但读者通过译文不难理解：

(1) 수동 원심분리기

전기모터가 발명되기 이전 1900년대 초 사용해왔던 수동 원심분리기이다. 손으로 패들을 돌려 두 개의 기어가 1 : 18의 비율로 움직임으로써 분당 회전수가 2,000회나 되는 높은 회전력을 가지도록 제작되었다.

译文：手动离心分离器

这是1900年代初电动机发明之前一直使用的手动离心分离器。用手转动桨叶能使两个比率为1 : 18的齿轮转动，旋转率高达一分钟2000次。[1)]

再比较一下下面两个影像说明的a、b两个译文，译文a准确完整地再现了原文的意思，而译文b则没有如实表现原文内容，而且由于译者没有准确理解原文内容，因而译文表达混乱，根本无法让人理解：

---

1) 启明大学东山医疗院医疗宣教博物馆(2014), p.71。

(2) '디아크'가 세워지는 과정을 인터벌 촬영기법으로 제작한 영상과 문화관을 설계한 건축가가 직접 본 건물의 콘셉트를 소개하는 영상입니다.

译文a. 这个视频影像以间隔拍摄方法编制而成，再现了"The ARC(江河文化建筑)"建设过程和设计文化馆的建筑家直接感受到的建筑理念。

译文b. "The ARC(江河文化建筑)"建立过程中，以间隔拍摄方法编制影像和设计文化馆，对此建筑家对本建筑物的理念通过影响来直接介绍。

(3) 시, 소설 등 문학작품 속에 표현된 강의 묘사를 영상과 음향에 맞춰 한 구절씩 생생하게 느껴볼 수 있습니다.

译文a. 诗歌、小说等文学作品中有关江河的描写可以通过配音的影像生动地逐句加以欣赏。

译文b. 诗、小说文学作品中描写的我们江，可以用影像和音响来亲身的体会。

再看下面这个照片文字说明的译文：

(4) 올해 칸 국제영화제 비경쟁 공식 부문에 초청받은 영화'곡성'의 나홍진 감독(왼쪽부터), 배우 천우희와 곽도원.

译文：今年受邀参加戛纳国际电影节非竞赛单元的影片《哭声》的导演罗宏镇(左起)、演员千禹熙和郭道元。

这个照片说明文字中涉及到戛纳国际电影节的内容。该电影节区分竞赛单元和非竞赛单元，受邀参加非竞赛单元的影片只是在该电影节期间展映，而不参加评奖。由于译文没有反映出非竞赛单元影片的这一特点，按韩国语结构加以直译，因此汉译文不仅文句不简练，而且表义模糊，“参加戛纳国际电影节非竞赛单元”这个述宾短语所指内容是什么，读者无法理解。译文应修改如下：

修正文：今年受邀参加戛纳国际电影节非竞赛单元展映的电影《哭声》导演罗宏镇(左起)、演员千禹熙和郭道元。

三、力求言简意赅、通俗易懂

图片说明的译文应力求言简意赅，即用最少的文字传达尽量多的信息，并且应尽力做到通俗易懂。因为读者已经从图片中获取了很多信息，文字解释部分一般都无须作过于繁琐的说明。译文自然也应力求简洁易懂。下面这两个图片说明的译文即符合这一要求：

(1) 선교박물관은 옛 대구 읍성의 돌들을 기초로 쌓고 그 위에 붉은 벽돌로 지은 한식과 양식이 잘 조화를 이룬 건물이다

译文：宣教博物馆是以过去大邱邑的城石为地基、用红砖砌成的融合韩式和西式建筑风格的建筑物。

(2) 의료선교박물관 앞의 은혜정원에는 대구에서 많은 선교활동을 하시다 순교하신 열두 분의 아름다운 영혼들이 잠들어 있는 묘비가 세워져 있다.

译文：在医疗宣教博物馆前的恩惠庭里伫立着为大邱宣教活

动而献身的十二位美丽英灵的墓碑。

再看下面这个图片说明的a、b两个译文:

(3) 북한 조선중앙TV는 20일 식도암으로 사망한 강석주 전 노동당 국제담당 비서가 안치된 평양 서장회관에서 당·군·정 관계지들이 조문했다고 보도했다. 사진은 장례위원장을 맡은 최룡해(오른쪽에서 둘째) 정치국 상무위원이 당 간부들과 조문하는 장면.

译文a. 据朝鲜中央电视台报道, 前劳动党国际担当秘书姜锡柱患食道癌死亡, 党、军、政领导人20日吊唁了安葬姜锡柱的平壤西将会馆。任葬礼委员长的政治局常务委员崔龙海(右起第2)正在与党干部吊唁死者。

译文b. 据朝鲜中央电视台报道, 前劳动党国际秘书姜锡柱患食道癌死亡, 党、军、政领导人20日前往安放姜锡柱遗体的平壤西将会馆吊唁。照片中葬礼委员长、政治局常务委员崔龙海(右起第2)正在与党干部进行吊唁。

通过比较不难看出, 译文a文句不够精炼, 且出现搭配不当的问题。"吊唁"的意思是"祭奠死者并慰问家属", 它不能与场所的"会馆"搭配, 也无需后接"死者"。"葬礼委员长"这一职务称谓直接冠于姓名前就可以, 根本没必要用"任……的"这种啰嗦的方式来表达。

为求精练, 某些不说自明的词语可加以省略, 为求通俗易懂, 应尽量选择大众熟悉的词语。比较:

(4) 제15회 베니스 비엔날레 건축전에 참여한 한국관을 미국 일간지 뉴욕타임스(NYT)가 "반드시 방문해 봐야 할 국가관 중 하나"로 선정했다.

译文a. 美国日报《纽约时报》(NYT)把参与第15届威尼斯建筑双年展的韩国馆列为"必看国家馆之一"。

译文b. 美国日报《纽约时报》(NYT)把韩国馆定为第15届威尼斯建筑双年展的"必看国家馆之一"。

(5) 오른쪽은 장백산 만족문화전시관의 발해 건국자 대조영 흉상. 말갈 추장이자 만주족 조상으로 서술했다.

译文a. 右图为长白山满族文化博物馆里的渤海建国者靺鞨族酋长大祚荣胸像, 他被描述为满族祖先。

译文b. 右图为长白山满族文化博物馆里的渤海建国者靺鞨族酋长大祚荣的半身像, 他被描述为满族祖先。

例(4) 译文a显然不如译文b精炼, 因为后者省去了不说自明的动词"参与", 使得句式更为紧凑。例(5) 中的"胸像"与例(6) 中的"半身像"相比, 显然后者更为通俗易懂。

四、更换结构, 巧作拆分

由于韩汉语言结构存在诸多差异, 很多韩国语语句, 尤其是带有复杂定语的语句, 对韩国读者来说可能并不难理解, 但直译为汉语相应的结构却可能成为晦涩难懂的句子。韩国语图片说明使用超长句的时候很多, 在进行韩中翻译时必须在准确理解原文内容的基础上, 换用汉语其他句型来表现, 或用拆分法将其化整为零，以便中国读者理解。比较：

(1) '소음을 내고, 전력을 잡아먹는 에어컨 실외기 팬의 효율을 높일 방법이 없을까.'

译文a. "有没有能提高产生噪音、费电的空调室外机风扇效率的方法呢？"

译文b. 空调室外机风扇又有噪音又费电，有没有提高其效率的方法呢？

(2) 교육자료실은 조선시대의 교육 자료를 비롯하여 일제강점기와 미군정기를 거쳐 60~70년대의 희귀 교과서와 교구들을 전시한 곳이다.

译文a. 教育资料室是展示朝鲜时代的教育资料及日本强占时期、美军政时期、60-70年代珍贵的教科书和教具的场所。

译文b. 教育资料室展示朝鲜时代的教育资料以及日本强占时期、美军政时期、60-70年代珍贵的教科书和教具等。

(3) 전통문화체험실은 대구사범학교 시절과 2년제 대구 교육대학에서 현재에 이르기까지의 본 대학의 역사를 살펴볼 수 있는 교사 자료를 전시한 곳이다.

译文a. 传统文化体验室是展示从大邱师范学校开始到两年制大邱教育专科大学再到现在的大邱教育大学各个时期的能洞察学校发展史的教师资料的场所。

译文b. 传统文化体验室展示从大邱师范学校开始到两年制大邱教育专科大学再到现在的大邱教育大学各个时期的教师资料，人们可以通过这些资料洞察本校的发展历史。

例(1) 译文a采用直译法翻译原文, 宾语"效率"前有一个复杂的修饰语"产生噪音、费电的空调室外机风扇", 词语之间的关系层层套叠, 难以理解。译文b则采用拆分法将原句一分为二, 将那个复杂的偏正结构转换为主谓结构, 独立成句, 整个复句很好地表达了原文的内容。例(3) 、(4) 两个韩国语图片说明句采用的是"教育资料室/传统文化体验室是……的地方"判断句式, "地方"前带有非常复杂的定语修饰语。在韩国语中这种句子很常见, 也不难理解, 但两句译文a按原结构类型直译成汉语, 多层定语、复杂定语套叠, 定中之间出现几个"的", 结构层次和结构关系异常复杂, 很难让人理解。例(2) 译文b则更换了原文结构类型, 用一般的"主述宾"结构类型表现原文内容, 宾语由一个并列短语充当, 结构得以简化, 降低了理解难度。例(3) 译文b不但更换了原文结构类型, 用"主述宾"结构类型表现一部分内容, 并采用拆分法将一部分内容独立出来, 因而文脉清晰, 非常容易理解。

下面这两个图书、图片说明的译文也是采用化整为零的方法, 对原文异常复杂的单句结构作了拆分处理, 因而条理清晰, 消除了原文的理解难度:

(4) 턴로지명

하나님의 진리를 알고자 하는 자를 인도하기 위한 책으로 기독교 선교 초기에 많은 전도서적을 쓴 중국인 양격비 목사가 한문으로 번역한 것을 베어드 선교사가 다시 한글로 번역했다.[1]

---

1) (사)동산의료선교복지회/의료선교박물관(2013), p.53, 译文见启明大学东山医疗院医疗宣教博物馆(2014), p.53。

译文: 天路指明

此书是为想了解上帝真理者指明方向的书。写过很多传道书的中国牧师杨格非首先将此书翻译成汉语，在基督教宣教初期，贝尔德宣教士又将汉译本翻译成韩文。

(5) 특별전시실 동곡실

동곡은 1977년 계명대학교 사학과 교수 겸 초대 박물관장으로 부임하여 27년간 박물관을 운영해 온 김종철 명예교수의 아호이다. 특히 행소박물관이 소장하고 있는 다양한 주제의 민화를 특별전시를 통해 선보일 계획이다.[1)]

译文: 特别展示厅——东谷厅

东谷是启明大学名誉教授金忠彻的雅号。他自1997年起任启明大学历史系教授兼首任博物馆馆长，管理博物馆长达27年。特别令人瞩目的是，行素博物馆计划在东谷厅举办特别展，向公众介绍馆藏的主题多样的民画作品。

五、注意语体色彩

图片说明属于书面文体，所以在翻译过程中，要注意所用词语和句式的语体色彩。比较下面新闻图片说明的两个译文：

(1) 리커창 중국 총리가 19일 베이징 인민대회당에서 열린 제1차 '발전을 위한 관광 국제회의'에 참석해 발언하고 있다.

译文a. 中国总理李克强在19日参加了在人民大会堂举行的首

---

1) (사)대구광역시박물관협의회(2009), p.92, 译文见金利湜(译)(2010), p.16。

届世界旅游发展大会, 他正在会上讲话。

译文b. 中国总理李克强19日出席在人民大会堂举行的首届世界旅游发展大会并致辞

显然, 译文a将原句一分为二, 不够简练, 而且还使用口语词"讲话"以及助词"了", 口语色彩较浓。译文b则用一个单句形式简练地表达了原文内容, 并使用"出席"、"并致辞"这种带有明显书面语色彩的词语, 显得庄重严肃。

再看下面这个新闻图片说明文字的两个译文:

(2) 서울의 역사가 담긴 주요 기록물을 관리하는'서울기록원'(조감도) 이 2018년 6월 문을 연다.

译文a. 管理内含首尔历史的主要档案文件的"首尔记录院"(鸟瞰图)将于2018年6月开门。

译文b. 管理有关首尔历史重要档案文件的"首尔记录院"(鸟瞰图)将于2018年6月对外开放。

译文a句中使用口语词"开门"直译原文的"문을 연다", 显得很随便, 与句中其他词语庄重严肃的语体色彩不协调。除此之外, "内含首尔历史的主要档案文件"这个短语也存在定中搭配不当的问题, "档案文件"只能说"纪录或反映首尔历史"不能说"内含首尔历史"。译文b则用具有书面色彩的"对外开放"这个短语恰当地表达了"문을 연다"的真正含义, 也改正了词语搭配不当的毛病。

韩中翻译练习(五)

一、翻译下列新闻报道的标题

1. 박대통령 이란방문 이후 과제는 '이란 앙숙' 사우디 달래기
2. 조양호 평창올림픽 조직위원장 전격 사퇴
3. 북핵 해결에 이란 역할 기대
4. 북 내달 6일 당대회 … 김정은 독재 굳힌다
5. 박대통령 "능력따라 보상받는 노동시장 정착되어야"
6. 미대통령이 삼성 냉장고 쓴다고?
7. 서울 도심의 속살, 두 발로 느껴 봐요
8. 음주운전 말리지 않은 동승자도 처벌한다
9. "아내 근무시간 길수록 남편은 더 우울"
10. "美, 인권탄압 관여한 北고위관리 제재 첫 추진"
11. 혁신 사라진 아이폰 … 애플 13년 만에 逆성장
12. 美, 한국을 '환율 관찰국'에 … 수출에 영향 미치나
13. 北, 1990년대 후반 '고난의 행군' 시절에도 은행 강도 자주 일어나
14. 미 정보수장 극비 방한 북핵실험 대응책 논의
15. '세계 존경받는 남성'교황 제친 푸틴
16. 조선 불화 뉴욕경매서 20억 원 낙찰
17. 한류스타 '박해진 우표'내달 중서 나온다
18. '표절 의혹' 신경숙 "표절 아냐" 첫 입장 발표
19. 미 국방부, 동해를 '일본해'로 단독 표기
20. 트럼프 "한국, 미군주둔비용 100% 내야" … 우리軍 "美 대

선후보에 해명하자니 난감”

二、翻译下列新闻报道

1. 재미사업가 부부, 모교 서울대에 12억 또 기부

재미사업가 부부가 모교 서울대에 거금을 쾌척했다. 서울대는 박병준 Park 패밀리 파운데이션 이사장(82)과 부인 홍정희 씨(81·이상 섬유공학과 1952년 입학)가 최근 100만 달러(약 12억 원)를 기부했다고 17일 밝혔다. 2004년 10억 원 기부에 이은 추가 기부다. 박 이사장은 “받은 축복을 어떻게 돌려줄 수 있을까 고민하다가 기부하기로 결정했다”며 “한국도 선진국 같은 기부 문화가 성숙해져야 한다”고 밝혔다. 서울대와 미국 매사추세츠공대(MIT), 영국 리즈대 등을 나온 박 이사장은 1986년 설립한 미국 산업제품안전성시험평가연구소(MTL)를 2001년 프랑스 국제품질검사기관 뷔로 베리타스에 20억 달러를 받고 매각한 뒤 본격적인 자선 활동을 펴왔다.

2. 음주운전 말리지 않은 동승자도 처벌한다

‘음주운전 추방’을 선언한 검찰과 경찰이 운전자의 음주 사실을 알고도 말리지 않은 동승자와 음주운전이 뻔히 예상되는데도 술을 판 식당 업주까지 처벌키로 했다. 음주운전으로 사망 사고를 냈거나 5년간 5회 이상 음주운전 단속에 적발되면 차량을 몰수한다.

대검찰청과 경찰청은 24일 ‘음주운전사범 처벌 및 단속 강화 방안'을 발표하고 25일부터 적용한다고 밝혔다. 여기에는 △동승자와 주류 판매자 처벌 확대 △사망 사고 구형기준 강화 △상습운전자 차량 몰수 등의 내용이 포함되어 있다.

이런 조치의 배경에는 음주운전 당사자뿐 아니라 음주운전을 조장하거나 묵인하는 방조자까지 책임을 물어 술을 마시고 운전대를 잡는 관행을 뿌리 뽑겠다는 의지가 담겨 있다. 2002년부터 지난해까지 음주운전 방조죄로 기소된 동승자는 96명인데 이 가운데 89명은 벌금, 5명은 집행유예를 받는 데 그쳤다. 주류 판매자 처벌은 한 건도 없었다.

앞으로 경찰은 초동수사 단계부터 음주운전 방조 혐의를 적극 수사할 계획이다. 음주 사실을 알고도 차 열쇠를 넘기거나 운전을 권유한 동승자는 음주운전 방조범 또는 음주교통사고 공동정범으로 처벌받는다. 대리운전을 부르기 힘들거나 음주운전이 불가피한 상황인데도 술을 판 사람도 처벌 대상이다.

사망 사고를 낸 운전자는 살인죄에 준해 처벌한다. 구속 수사를 원칙으로 하고, 최소 3년 이상의 징역형을 구형하기로 했다. 여러 명의 사망자가 나올 때는 징역 7년 이상을 구형할 방침이다. 박균택 대검 형사부장은 "사망 사고가 아니더라도 전치 4주 이상의 음주상해 사고는 약식재판이 아닌 정식재판에 회부하겠다"고 말했다.

박성민 기자

3. 테헤란 '韓流 외교'

[朴대통령 이란 방문]

김밥 말고, 드라마 장영실 보고, 詩 낭송하고 …

朴대통령 순방 맞춰 '문화 주간' … 한류거점 'K-타워' 설립도 합의

박근혜 대통령의 이번 이란 순방은 한류(韓流)의 본격 진출을 염두에 둔 '문화 외교'이기도 하다. 문화체육관광부는 대통령의 순방과 맞춰 테헤란의 랜드마크인 밀라드타워를 중심으로 '코리아 컬처 위크(한국 문화 주간)' 행사를 시작했다.

2일 오후 4시(현지 시각) 100석 규모의 밀라드타워 시네마홀은 새 한국 드라마를 먼저 보려는 관객들로 발 디딜 틈이 없었다. 이날 'K드라마 상영회'에선 KBS '장영실' 1회와 MBC '옥중화'의 하이라이트 영상, SBS '육룡이 나르샤' 1회가 두 시간 반 동안 잇달아 방영됐다. 특히 '장영실' 주연 배우인 송일국이 화면에 나오자 객석 곳곳에서 탄성이 터졌다. 송일국이 주연한 드라마 '주몽'은 2008년 이란 TV에서 방영되어 60%의 시청률을 올렸고, 이보다 앞선 2006년 '대장금'은 86%를 기록했었다. 이날 행사는 접수 하루 만에 수용 인원의 두 배인 200명이 신청하는 성황을 이뤘다.

이날 박 대통령이 참관한 행사는 밀라드타워 콘서트홀의 '한·이란 문화 공감' 공연과 전시실의 'K컬처 전시'였다. '문화 공감'은 한국의 국립국악원 창작악단과 이란 국립오케스트라가 선율을 맞춘 공연이었다. 두 악단은 한국의 '아리랑 연곡'과 이란의 '이븐시나'를 협연했고, 이란 전통 무예 '주르카네'와 태권도 품새·격파 시범 공연이 펼쳐졌다.

한국과 이란의 문학이 만나는 자리도 마련됐다. 이날 테헤란의 이란 문화재청 콘퍼런스홀에선 한국 김후란·신달자·장석남 시인과 파터메 러케이 이란시인협회장, 무함마드 알리 바흐마니 시인 등이 서로의 시를 바꿔 낭송했다. 이란에는 '아무리 가난해도 집마다 책 두 권이 있는데, 하나는 코란(이슬람 경전)이고 다른 하나는 시집이다'라는 말이 있을 정도로 시에 대한 애정이 남다르다. 문체부는 양국 문화 교류를 더욱 촉진하기 위해 2017년 이란에 한국문화원을 개관할 예정이다. 아랍에미리트에 이어 중동 지역에서 개설되는 두 번째 한국문화원이 된다.

또 한국 LH와 포스코 건설은 이란 교원연기금공사와 함께 테헤란에 한류 문화복합공간인 'K-타워'를 설립하기로 합의했다. 이란 내 한류 문화 확산과 비즈니스 활성화의 거점 공간을 확보하기 위한 것이다. 1977년 양국이 테헤란 시장의 서울 방문을 계기로 서울과 테헤란에 각각 '테헤란로'와 '서울로'라는 이름의 도로를 만든 데 이어 양국 우호의 새로운 상징물이 생기는 것이란 평가다.

4. 차기 지도자 선호도 1위 안철수(21%), 한달 만에 11%p 급등

국민의당 안철수 상임공동대표가 차기 정치지도자 선호도 조사에서 21%로 1위를 차지했다고 여론조사 업체 한국갤럽이 29일 밝혔다. 한국갤럽 조사의 질문은 '누가 다음 번 대통령이 되는 것이 가장 좋다고 생각하느냐'는 것이었다.

한국갤럽이 작년 8월부터 실시한 차기 정치지도자 선호도 조사에서 안 대표가 1위에 오른 것은 이번이 처음이다. 같은 기간 선호도 20%를 넘긴 정치지도자도 이번에 안 대표가 처음이다. 안 대표의 선호도는 총선 전인 지난 3월(10%)와 비교할 때 한 달 만에 11%포인트 급등한 것이다.

2위는 더불어민주당 문재인 전 대표(17%)가 차지했다. 문 전 대표는 한국갤럽이 작년 8월부터 실시한 차기 정치지도자 선호도 조사에서 이번에 가장 높은 선호도를 기록했다. 문 전 대표는 그동안 안 대표보다 선호도가 계속 높았지만 이번에는 안 대표에게 역전당했다.

안 대표와 문 전 대표를 이어 새누리당 오세훈 전 서울시장(7%), 더불어민주당 박원순 서울시장(6%) 등이 뒤를 따랐다. 그 다음은 무소속 유승민 의원(4%), 새누리당 김무성 전 대표(3%), 더불어민주당 김부겸 당선인(3%), 더불어민주당 안희정 충남지사(2%) 등이었다.

반기문 유엔 사무총장과 손학규 전 의원은 본인들의 요청에 따라 한국갤럽의 차기 정치지도자 선호도 조사에서 제외됐다.

이 같은 내용의 차기 정치지도자 선호도는 한국갤럽이 지난 26~28일 성인 남녀 1001명을 대상으로 설문조사한 결과(표본오차 95%±1%포인트) 이다.

이 조사에서 박근혜 대통령의 국정 지지도 하락세가 멈춘 것으로 나타났다.

박 대통령이 국정운영을 잘하고 있다는 응답이 30%로 1주일 전보다 1%포인트 올라갔다. 잘못하고 있다는 응답은 56%로 1주일 전보다 2%포인트 내려갔다.

5. 한류 바람 타고… 세계에 TOPIK 열풍

45개국서 시행된 제46회 시험… 응시생 7만2295명… 역대 최다

교육부 "태양의 후예 인기가 한몫"

지난 17일 오전 호주에서 온 초·중·고 교장 17명이 서울 경복궁을 찾았다. 제 2외국어로 한국어를 가르치거나 가르칠 예정인 학교 교장단이다. 한국어를 배우고 있다는 마니샤 가줄라 카트라이드 초등학교 교장은 눈이 마주치는 한국인들에게 "안녕하세요" "반갑습니다"라며 한국말로 인사를 건넸다. 카렌 머티머 남(南)스트라스필드 초등학교 교장은 "작년부터 병설 유치원생들에게 한국어를 가르쳤더니 아이들이 집에서 한국 동요 '곰 세마리'를 부른다"고 했다. 호주에서는 66개 학교 학생 9250명이 제2외국어로 한국어를 배우고 있다.

앞서 16일 오전(현지 시각) 아프리카 모로코 왕국 수도 라바트에서는 첫 한국어능력시험이 치러졌다. 모로코 청년 69명이 국립 모하마드5세 대학교 강의실에서 문제를 풀었다. 주모로코 한국 대사관은 "대학에 한국어 과정이 개설되는 등 청년층을 중심으로 한국 문화와 언어에 대한 관심이 뜨겁다"고 전했다.

한류 바람을 타고 전 세계에 한국어 공부 열풍이 불고 있다. 16일 전 세계 45개국 164개 지역에서 시행된 제46회 한국어능력시험(토픽·TOPIK·Test Of Proficiency In Korean)에는 역대 최다 인원인 7만2295명이 응시했다. 중국·프랑스·호주·아르헨티나·남아프리카공화국 등을 포함해 모든 대륙에서 시험이 치러졌다. 1997년 제1회 시험에 우리나라와 일본·우즈베키스탄·카자흐스탄 등 4개국에서 2,692명이 응시했는데, 20년 사이 시험 1회 응시자 수가 27배 늘었다. 올 하반기에는 볼리비아·자메이카·폴란드에서도 시험이 치러진다.

토픽은 교육부와 국립국제교육원이 주관하는 시험으로 한국어를 모국어로 하지 않는 외국인의 한국어 사용 능력을 평가한다.

시행 초에는 한국인과 결혼하는 이민자나 재외 동포 중심으로 치러지다가, 2000년대 중반 이후 한국 드라마, K팝이 인기를 끌면서 응시생 수가 대폭 늘었다. 교육부 관계자는 "2012년 가수 싸이 '강남 스타일'에 이어 최근 드라마 '태양의 후예'가 전 세계적 인기를 끌면서 한국어 공부 열풍에 일조하고 있다"며 "이 추세라면 올해 토픽 응시자 수가 30만 명을 넘을 것"이라고 말했다.

6. 中, 시진핑 숭배 자제령 "習大大 표현 쓰지 말라"

중국 공산당이 시진핑(習近平) 국가주석에 대한 개인숭배 분위기를 자제시키고 있다고 홍콩 명보(明報)가 22일 보도했다.

보도에 따르면, 당 중앙선전부는 최근 각 지방정부에 "각급 지도자들은 시진핑 동지가 이끄는 당 중앙에 대해 공개적으로 발언할 때 전면적이고 명확하면서 규범에 맞게 말해야 한다"며 "그 내용을 임의로 덧붙이고 고쳐서는 안 된다"는 내용을 하달했다. 선전부는 또 지방 매체들에 대해 "시진핑 주석 관련 보도를 할 때 '시다다(習大大)'라는 표현을 금지한다"고 지시했다. 시다다는 '시진핑 삼촌'이라는 뜻으로 시 주석을 친근하게 부르는 시중의 유행어다.

명보에 따르면, 중국 인터넷에서는 지난해부터 '시진핑을 지지하자' '시집을 가려면 시다다 같은 사람에게 가라'는 등의 노래가 유행하고 있다. 각급 지방 지도자들도 시 주석 지지 경쟁을 벌였다. 3월 양회(兩會)를 앞둔 1~2월에는 각 성장(省長) 및 성서기(省書記)급 인사 17명이 하루가 멀다 하고 '시 주석 지지'를 공개 표명했다. 명보에 따르면, 공산당 내에서는 이미 지난해부터 시 주석에 대한 개인숭배 분위기가 이슈가 됐고, 11월부터는 신화통신과 인민일보 등 중앙 매체들에 대해 '시다다'라는 표현을 금지해왔다.

7. 공직자 부정청탁 금지 '김영란법' 시행령안 발표

앞으로 공무원 교사 언론인 등이 직무와 관련 있는 사람으로부터 3만 원이 넘는 식사 대접을 받으면 과태료가 부과된다. 5만 원이 넘는 선물과 10만 원이 넘는 축의금·부의금도 받을 수 없다.

국민권익위원회는 9일 이 같은 내용을 담고 있는 '부정 청탁 및 금품 등 수수의 금지에 관한 법률'(김영란법) 시행령을 마련해 발표했다. 13일 김영란법 시행령을 입법예고한 뒤 40일간 공청회 등을 열어 의견을 추가 수렴하기로 했다. 이후 규제개혁 심사, 법제 심사, 국무회의 등을 거쳐 9월 28일부터 시행된다.

식사 비용은 현행 공무원 행동 강령(3만 원)을 그대로 적용했다. 경조사비는 현행(5만 원)의 두 배인 10만 원으로 정했다. 기존 공무원 행동 강령은 원칙적으로 선물을 금지했으나 기준(5만 원)이 신설됐다. 직무 관련 외부 강의 기준도 마련됐다. 공직자 강의료는 시간당 장관급 50만 원, 차관급 40만 원, 4급 이상 30만 원 넘게 받을 수 없다. 언론인과 사립학교 교직원은 시간당 100만 원까지 받을 수 있다.

2012년 8월 정부 입법으로 탄생한 김영란법은 우여곡절 끝에 시행 넉 달을 남겨 두고 있다. 2014년 7월 박근혜 대통령이 "국민 안전과 국가 개조를 위한 첫 단추"라며 국회 통과를 호소했고 이 과정에서 사립학교 교원, 언론인까지 포함됐다. 또 공직자가 이해관계가 없는 업무를 맡지 못하도록 하는 이해충돌 방지 조항과 국회의원이 적용 대상에서 '쏙' 빠지면서 당초 취지에서 벗어난 누더기법이 됐다는 비판이 나왔다.

김영란법 적용 대상엔 헌법기관 중앙행정기관 지방자치단체 공직유관단체 등 모든 공공기관과 학교 및 학교법인, 언론사가 포함된다. 해당 기관 종사자는 200만 명으로 추정되며 배우자까지 포함하면 400만 명이나 된다.

우경임 기자

三、修改下面这个新闻报道的译文

한강 수상 맨부커상은, 1969년 제정 ... 영어-비영어권 작품 나눠 선정

영국의 맨부커상은 노벨문학상, 프랑스 공쿠르상과 함께 세계 3대 문학상으로 꼽힌다. 1969년 영국 종합물류유통회사 부커 그룹이 제정해 '부커상'으로 불리다 2002년 금융투자회사 맨 그룹이 후원하면서 지금의 이름으로 바뀌었다.

이 상은 본상과 국제상으로 나뉜다. 본상은 영국을 비롯한 영연방 작가를 대상으로 했으나 2014년부터 국적에 상관없이 영어로 쓰고, 영국에서 출판된 모든 문학책을 대상으로 한다. 한강이 수상한 국제상은 2005년 제정됐으며, 현재는 영어 외의 언어로 쓴 소설과 번역자에게 공동으로 준다. 지난해까지 국제상은 작가의 작품 세계 전체를 평가해 격년제로 시상했지만 올해부터 작가의 한 작품을 대상으로 매년 시상하는 것으로 바뀌었다.

영어권 출판 관계자의 추천을 받은 소설을 대상으로 평론가와 소설가, 학자로 구성된 선정위원회가 수상작을 선발한다. 국제상 후보에 오르려면 비영어권 작품이라도 영어로 번역되어 영국에서

출판되어야 한다.

译文：韩江所获布克奖，始于1969年，作品分英语圈和非英语圈评选

英国的布克奖与诺贝尔文学奖、法国的龚古尔奖一道，并称为世界三大文学奖。该奖由英国综合物流公司布克集团于1969年设立，从2002年起因接受金融投资公司曼集团的赞助，又称"曼布克奖"。该奖项分为大奖和国际奖。大奖早先是以包括英国在内的英联邦国家作家为对象，但从2014年起不论国籍，以以英文在英国出版的所有文学书籍为对象。韩江荣获的国际奖设立于2005年，目前共同授予由英语外所有外语创作的小说作者和翻译者。到去年为止，国际奖都是基于对作家全部作品的评价，但从今年起改为只以作家的一部作品为对象，每年颁发一次。由评论家、小说家、学者组成的评选委员会，在由英语圈出版业相关人士推荐的小说中，评选出获奖作品。想要入围国际奖候选，如果是非英语圈作品，必须翻译成英语并在英国出版。

四、试找出下面这篇新闻报道译文中的几处错误。

28년만에 막 내린 '1000만 서울 시대'
전세난에 경기도로 이사 많아

서울에 주소지를 둔 인구가 지난달 999만 명대로 떨어지면서 서울 인구 1000만 명 시대가 28년 만에 마감됐다.

통계청은 "주민등록을 기준으로 한 지난달 서울 인구는 999만 9116명(재외 국민 제외)으로 1000만 명 밑으로 내려왔다"고 26일 밝혔다. 서울 인구가 1000만 명을 넘긴 1988년 통계청 인구 동향 조사 이후 28년 만이다.

통계청이 이날 발표한 '3월 국내 이동' 자료에 따르면 지난 3월 재외 국민을 포함한 서울 인구는 1000만 9588명이지만, 재외 국민 1만472명을 제외하면 1000만 명에 못 미친다.

서울 인구가 1000만 명 밑으로 떨어진 것은 서울로 이사 오는 사람보다 서울에서 다른 곳으로 이사를 나가는 사람이 많기 때문이다. 서울 인구는 2009년 2월에 2300명 순유출(전출-전입)을 기록한 이후 7년 넘게 순유출이 계속되고 있다. 지난달에는 순유출 규모가 8820명으로 전국 광역시도 중에서 가장 많았다. 반면 경기도는 지난 3월 9264명이 순유입한 것으로 나타났다. 경기도는 작년 3월부터 1년 넘게 순유입 인구 1위를 지키고 있다. 이지연 통계청 인구동향과장은 "집값 상승과 전세난 때문에 서울에서 경기도로 빠져나가는 인구가 많은 것으로 보인다"고 말했다.

译文：首尔人口28年来首次跌破1000万

居住地址在首尔的人口3月份跌至999多万人，首尔市人口结束持续28年的"1000万人口时代"。

韩国统计厅26日公布的数据显示，以居民登记为准，首尔3月的城市人口为9999116人，跌破1000万人。这是自从首尔市人口在1988年超过1000万人以来首次跌破1000万人。

据统计厅当天公开的《3月国内移动》资料显示，包括海外国民的3月份首尔人口为10009588人，但考虑到海外国民有10472人，实际人口不到1000万人。

首尔市人口跌破1000万人是因为搬出首尔的人数多于搬进首尔的人数。首尔人口2009年2月第一次出现净流出，此后7年多保持了净流出趋势。2016年3月的净流出规模为8820人，在全国广域市中居首。反观京畿道在3月份净流入9264人。京畿道自从2015年3月开始一直稳居人口净流入第一位。韩国统计厅人口动向科科长李知娟(音)认为，房价上涨和全租房难求导致首尔人口转向京畿道。

五、翻译下列图片说明文。

1.

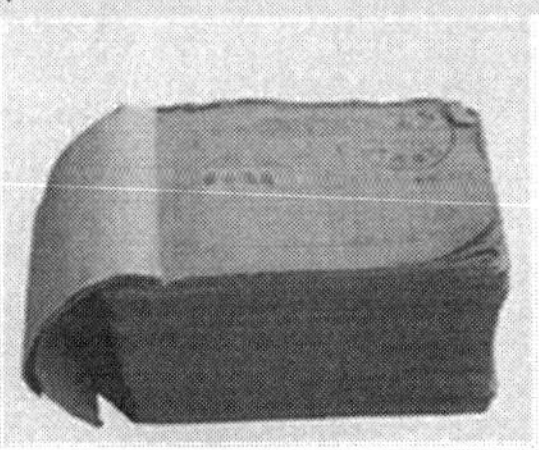

대구은행 제1호 전표철

창립 후 첫 영업일의 거래 내용이 기재된 전표철

2.

수동식 수표발급기

수동으로 숫자를 인자하여 수표나 증서를 발행하는 기기

3.

박정희 대통령 예검전표

박정희 대통령의 개업축하 정기예금 입금전표. 입금금액은 10만 원.

4. 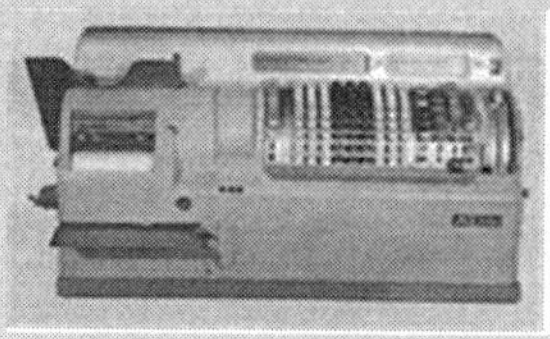	예금회계기 입금, 지급, 이자, 등을 자동 계산하고 원장과 통장에 예금 내역을 기록하는 기기.
5. 	키즈뱅크 물물교환부터 오늘날까지의 화폐발달 과정부터 은행에서 하는 일, 돈으로 할 수 있는 다섯 가지 경제활동 등 어린이들에게 막연하고 어렵게 생각하는 금융경제에 대해 흥미를 유발하고 친숙하게 다가갈 수 있도록 체험 공간을 마련해 두었다.[1]
6. 	심전도기 심장근육이 이완되고 수축하면서 발생되는 활동전류를 기록하는 심전도 기록계로 2차세계대전 전후와 6·25전쟁 전후에 제작된 것으로 추정된다.[2]
7. 	반기문 유엔 사무총장이 25일 오후 제주국제공항에 도착해 손을 흔들고 있다.

1) 1-5图片及图片说明均引自(사)대구광역시박물관협의회(2009), p.116-117。

2) 此图片及图片说明均引自(사)동산의료선교복지회/의료선교박물관(2013), p.70。

8.

가시코지마서 만난 美·日 정상 - 25일 주요 7개국(G7) 정상회의에 참석하기 위해 일본을 방문한 버락 오바마(왼쪽) 미국 대통령과 아베 신조 일본 총리가 미에(三重)현 시마(志摩)시 앞바다에 있는 섬 가시코지마(賢島)의 한 호텔에서 정상회담을 마치고 공동 기자 회견을 하고 있다. 오바마는 27일 미국 현직 대통령으론 처음으로 원폭 피해지인 히로시마를 방문한다.

9.

이지수 박사가 대전 한국과학기술정보연구원(KISTI)의 수퍼컴퓨터 '타키온Ⅱ' 앞에 섰다. 그는 다음 달 사우디아라비아 킹압둘라과학기술대(KAUST) 수퍼컴퓨터 센터장으로 부임한다. 이 박사는 "사우디에서 경험을 쌓은 뒤 다시 돌아와 한국 기술 발전에 기여하고 싶다"고 말했다.

六、翻译下列影像说明文。

1. 큰 물그릇을 만드는 보

보의 혜택과 첨단 보에 적용되는 기술을 살펴보고, 16개 보에는 어떤 특징들이 있고 어떤 기술이 적용되었는지 알아봅니다.

2. 강과 함께한 역사 속 사람들

강에 뿌리를 내리고 살아온 우리 민족의 삶을 역사적 인물을 통해 조명해보고, 사람과 함께 변천되어 온 강의 의미를 되새겨 볼 수 있습니다.

3. 우리 강 우리 노래

지도에서 강을 선택하면 우리 대중가요에 나타난 상의 모습과 시대와 사람들의 이야기를 영상으로 감상할 수 있습니다.

4. 한눈에 보는 16개 보

CCTV와 연계하여 실시간으로 변화하는 16개 보의 현황을 한반도 지도와 함께 볼 수 있습니다. 각 수계별로 지역성과 문화를 살려 설계된 아름다운 16개의 보 모습을 감상해 보세요.

5. 워터 드로잉

스크린에 흐르는 물의 흐름을 바꾸어 볼 수 있습니다. 스크린에 손을 대고 물이 어떻게 반응할까를 관찰해 보세요. 물의 속성을 이용하여 식물이 자라나고, 생명이 탄생하고, 고인 물은 부패한다는 사실을 재미있게 구성한 체험 영상입니다.

韩中翻译练习参考译文

韩中翻译练习(一)

一、

1. 吃完饭我们去练歌房了。
2. 以后你别去那种地方了。
3. 坐车到学校要花三个半小时。
4. 我爸爸开出租车。
5. 我学了两年汉语。
6. 我一定要实现自己的目标。
7. 他昨天晚上喝了很多酒。
8. 他就跟我说了这件事。
9. 他读完了那本小说。

二、

1. 他问了我两个问题。
2. 他给了我20万元。
3. 王老师教我汉语。
4. 我拿了他几本书。
5. 骗子骗走了老太太50块钱。
6. 他带给幼儿园的孩子一大包糖。
7. 我教你滑冰。

三、

1. 这个人有点笨。
2. 出租车费有点贵。
3. 我上午就找过你两次。
4. 他在美国生活了十多年。
5. 他等了我半个小时。
6. 我跟你一起锻炼。
7. 我跟他谈了好长时间。
8. 我1967年生于台湾。
9. 请你再说一遍好吗？

四、

1. 他家来了很多客人。
2. 墙上挂着一幅画。
3. 这里存在一些问题。
4. 桌子上摆着几本书。
5. 树林里跳出一只老虎来。
6. 村子里搬走了好几家。
7. 宿舍前面全是车。
8. 学校在这附近。
9. 我们班来了一个新同学。

五、

1. 他把信扔到垃圾桶里了。
2. 她把电影票放到书桌上了。
3. 我的脖子被蚊子咬了。

4. 小羊被老虎抓住吃掉了。
5. 我们的申请被批准了。
6. 他被美丽的风景陶醉了。
7. 我们把旧车换成了新车。
8. 我们把失败当作成功之母。
9. 小说被他改编成了剧本。

六、

1. 妈妈星期天都去公司上班。
2. 他求我原谅他。
3. 我们来中国学习汉语。
4. 为了能早日通过四级外语考试, 她每天早晨四点半就起床背英语单词。
5. 我常常去公园散步。
6. 她打电话叫了一辆出租车。
7. 你去和他们商量一下吧。
8. 我去图书馆借了两本书。
9. 他俩唱着歌回家去了。
10. 上周日我朋友来医院看我了。
11. 大家都劝他不要去。
12. 老板让我买100个挂历。
13. 他有一个女儿在郊区工作。
14. 教室门口有个人在找你。
15. 我们有信心完成这项任务。
16. 老师让同学们读报纸。

17. 这件事使我想起了爸爸。

七、

1. 他的个子没有我高。
2. 这个房间比其他房间大多了。
3. 我的发音没有他好。
4. 我的书没有他多。
5. 他说韩国饮食比中国饮食好吃多了。
6. 弟弟去比你去合适。
7. 他比我更喜欢小说。
8. 他的个子和我一样高。
9. 他和我弟弟的年龄差不多。

八、

1. 我今天有点担心。
2. 今天天气不太好。
3. 他不是足球队员。
4. 须知人外有人, 天外有天, 可不能目中无人啊!
5. 来中国以前我一个汉字也不认识。
6. 没有人愿意跟他结婚。
7. 现在的年轻人也不是完全不写文章。
8. 他没去过韩国。
9. 连他都没考好。
10. 明天不去的人请在这里签字。
11. 教室里不能使用手机。
12. 获得眼前一时利益并不重要, 通过一生奋斗实现自己的梦想才是最重要的。

13. 现在已经没几个人相信“一见钟情”了。
14. 实际上, 在一些传媒机构招聘记者时, 也不会只选择新闻传播专业出身的人。
15. 大学的学习经验并不能保障你在社会和职场上获得成功。
16. 看到别人的成就还不羡慕的话, 你才是真的认输了。

九、

1. 有事的话, 什么时候都可以叫我。
2. 我找了半天也没找到衣服。
3. 饭太多了, 我吃不了。
4. 这衣服太贵了, 我买不起。
5. 他不仅会写诗, 还会写剧本。
6. 不管他说什么, 别人都不信。
7. 如果你帮我的忙, 我就满足你的要求。
8. 不管你去不去, 我都去。
9. 即使你不来, 我也不会怪你的。
10. 既然他已经承认了错误, 我们就不要再说他了。
11. 她不仅漂亮, 个子也很高。
12. 他既会说韩国语, 又会说英语。
13. 他不但会说英语, 而且说得很流利。
14. 他去过美国和英国, 就是没去过中国。
15. 他去年三月给我来过信, 以后再也没来过信。
16. 只要我有困难, 他总是热心地帮助我。

17. 我只学了几个月汉语，看不懂《人民日报》。
18. 这是考试题，我不能告诉你。
19. 想要克服各种诱惑坚持学习、戒烟、戒酒、减肥等，单靠决心是解决不了问题的，关键是要能坚持下去。
20. 尽管现在情况好多了，但如果妇女们既要管理家务，又要照顾孩子，需要克服的困难是非常多的。

十、

1. 我没给他写过信。
2. 他病全好了，能走路了。
3. 我要去北京饭店看他。
4. 我们开会讨论一下这个问题吧。
5. 你把病人送到医院去吧。
6. 学生们都进教室去了。
7. 他不但会说汉语，还会说英语。
8. 今天一下课，我就去找你。
9. 他参加过很多次学校运动会。
10. 他对足球非常感兴趣。
11. 我去白头山照了很多照片。
12. 我们从酒吧出来后去了电影院。
13. 我们已经学了六个月的文字学了。
14. 昨天我去百货店买了东西。
15. 你能听懂中文广播吗？

韩中翻译练习(二)

一、

1. 人生时钟

你的人生现在是几点？

在我的书桌上有一个不走字的时钟。不是坏了, 而是我故意把电池拿了出来。但这个时钟的指针并不是一直不动, 每年过生日那天我都会把指针向前移动18分钟。

2. 三十岁, 转眼就到了。

想要4年之内将辅修专业或双专业所需的学分修满并顺利毕业, 并不是一件容易的事情。再加上还得积累求职时所需要的外语进修、实习、打工等经验, 这样, 最少要休学一两个学期。男生还得去服兵役。如果曾经复读、插班或换专业的话, 又要另外再加1-2年。毕业后为了考试或准备留学,再去几个学院进修进修, 等回过神来一看, 很快就到三十岁了。

3. 做出这样决定的理由

他做出这样的决定只有一个理由, 就是他愿意在大学里教书。在进修博士学位时在学校里做过助教, 因此他也很明白教授职业实际上并不是那么有魅力的职业。但是他更明白站在讲台前与学生分享自己知识时的那种喜悦, 所以才做出了这么愚蠢的决定。

4. 国际都市首尔

首尔是韩国的首都，位于韩国中西部，是韩国传统文化和现代文化共存的世界第十大城市。在首尔有数百年前建造的故宫、城门、城堡，还有再现灿烂文明的古代文物博物馆。高楼大厦和穿插于其间的汽车也是现在首尔可见的一大风景。人口超过一千万的首尔在政治、经济、文化、教育、行政等所有领域都发挥着关键作用。

5. 5.18光州民主化运动

1979年10月26日朴正熙总统遭到暗杀(10.26事件)后，政权暂时出现空白，新军部作为新的权力中心部开始上台掌权。韩国人民坚决抵制新军部的篡权，以坚守民主主义信念，并为此展开了全国范围的游行示威活动。1980年5月，新军部和光州民众之间发生了武力冲突，该事件被称为光州民主化运动。当时，光州民众面对荷枪实弹的军队拼死抗争，遭受了巨大的牺牲。这是从1980年以来一直对韩国社会方方面面都有影响的重大事件。

6. 韩中交流的桥头堡——中国中心

为加强与中国的交流合作，启明大学于2004年设立中国中心。中国中心与中国各地区66个大学和机构建立合作关系，积极开展交流活动，起到了增进两国友好关系的桥头堡作用。到2012年为止，包括700名本科生在内，约有900余名中国留学生分别在我校接受韩国语教育、本科专业课程教育、研究生专业课程教育。

7. 史学年金生日祝贺短信

尊敬的李先生：衷心祝您生日快乐！衷心祝愿您与至亲好友一起度过幸福愉快的一天！以后还望您一如既往地支持和爱护史学年金，我们保证尽最大努力帮您获得老年幸福的生活。谢谢！

史学年金 电话：1588-4110

8. 少剪一点

在中国学习的两年时间里，我去过很多次理发店。下面说说我的一次理发经历。

一天，我到理发店剪头发，理发的师傅递给我一本书，书上有各种发型，让我挑选一个。我跟师傅说，我不想改变发型，请他按我现在的样子剪，剪短一点儿。师傅听了，马上开始剪，很快就剪短了。我一照镜子，觉得太短了，就跟师傅说他给我剪错了。师傅说他没剪错。因为"剪短一点儿"就是剪得短一点儿。我说我的意思是剪下来的头发短一点儿，留在头上的头发长一点儿。师傅听了笑了，说："你应该说少剪一点儿，或者说留长一点儿。"

9. 我哪有时间看冰箱门啊？

我们家有三口人，我先生是大学教授，我在公司当工程师，我们的孩子去年已经上大学了，住在大学里的学生宿舍，周末回来，平时家里就只有我和丈夫两个人。

我们俩工作都非常忙，所以买东西、做晚饭一直是个很麻烦的问题。最近，我和丈夫商量：我做晚饭，他去超市买东西。应该说，这个安排很简单，但是有好几次我做晚饭时，却发现冰箱里什么也没有。后来我想了一个办法，在看到冰箱里的东西吃完了的时候，我就把“该去超市了。”写在一张纸条上，然后把它贴在冰箱门上。可是，当我做晚饭的时候，冰箱里还是什么也没有。我问丈夫怎么回事儿，她说：“我哪有时间看冰箱门啊？”

10. 要按时交作业

我一般是在晚上八点开始写作业，写完以后洗澡，然后上床睡觉。可是今天还有一道练习题没做就困了。我看了看表，刚九点多，怎么办呢？明天还要交给老师呢。我走到卫生间洗了洗脸，可是刚坐到椅子上又困了。没办法，我只好脱衣上床，一躺下就睡着了。十一点多，我突然被电视里足球比赛的声音吵醒了，我跟同屋说：“珍妮，你把电视声音关小点好吗？”她说：“我没看电视，是隔壁的人在看，我在写作业呢。”我说：“对不起。你还有几道题没做完？”她说：“就剩最后一道题了。”我说：“已经十一点多了，别写了，你最好按时睡觉。”她说：“我们老师每次留作业以后都说一定要按时交作业，没说过要按时睡觉。”

11. 投金滩的故事

李亿年和李兆年两兄弟在路上拣到了两块黄金，每人一块平分了。他们在兰芝岛乘船过汉江到孔岩津的时候，李兆年突然将那块黄金扔到了江里。哥哥问他为什么这样？他回答说：“我平时一直很敬重哥哥，可今天和哥哥平分了黄金以后，竟然对哥哥产生了猜忌之心。我觉悟到这块黄金不是吉祥之物，所以把它扔到了江里。”哥哥听了后说：“你说得很对。”说着，他也把金块扔到了江里。

这个真实的故事提醒世人兄弟友爱比黄金更贵重，它对生活在黄金万能时代的现代人也具有极大的教育意义。（这个故事被韩国小学国定教科书收录，在首尔江西区雨装山公园和星州风山斋前院还设有刻录该故事的碑石。）

12. 星州李氏的由来

星州李氏的始祖是新罗王朝宰相李纯由，他于新罗末期来到星州隐居。被尊为中兴始祖的星州户长李长庚是始祖公的第十一代孙，他有五儿一女。长子是密直司事贞节公李百年，次子是参知政事陇西郡公李千年，三子是门下侍中肃宪公李万年，四子是开城留守乐山齐公李亿年，五子是正堂文学文烈公李兆年。

李长庚的五个儿子全都科举及第，对国家做出了突出贡献，因而星州李氏得到了振兴壮大。

李长庚的孙子李承庆是中国辽阳省参知政事，因功勋卓著被元朝皇帝封为陇西郡公，其父和祖父亦均被追封为陇西郡公。因此，星州李氏先前曾被称为陇西李氏，后来根据本乡地名改称为星州李氏。

这样繁衍下来的星州李氏后裔历经高丽王朝和朝鲜王朝，优秀人才层出不穷。仅从中兴始祖到其后八世之内，星州李氏后孙中即产生众多知名人物，其中，文衡(国立大学校长级)8名，宗庙配享者5名，封爵者11名，相臣(总理级)5名，驸马两名，食邑享受者5名，科举及第者75名。星州李氏因此成为为国家发展做出巨大贡献的名门大族。

星州李氏现有6万户，总人口约20万，人数在韩国115个李氏“本贯”中名列第三。时至今日，在韩国社会各界里都能看到星州李氏后孙活跃的身影。

二、

1. 警告

校内的树木、花草、果实等所有植物资源均属学校资产，也是珍贵的研究和学习材料，根据管理法规定，随意采摘或毁损者要赔偿损失，还可能会受到相应处罚。

启明大学

2. 中央监控系统设置通知

为预防火灾、管理设备、监督违禁行为等，此处设有中央监控系统。

拍摄场所：韩学村建筑内外

运行时间：２４小时连续摄影摄像

禁止行为：韩学村内吸烟，乱扔垃圾，损坏设备

管理部门：启明大学管理１组(电话：580－6114)

启明大学管理处处长

3. 出租车禁入区域

这里是通往亚当斯教堂的道路，为保障步行者的安全，禁止出租车通行，望予以协助。

启明大学

4. 禁止使用土地的公告

这片土地归大邱城市建筑公司所有，严禁一切擅自使用土地的行为。如发生如下所示的非法行为，我们将根据废物管理法等相关法律向有关部门进行投诉。

禁止事项：

○土地耕作及投放垃圾或废物行为；

○各种营业用车及其他车辆的停放行为；

○其他所有让附近居民产生不快的行为。

5. 禁止随意进入公告

此区域是启明大学新东山医疗院建筑工地，非常危险，绝对禁止外部人员随意出入。如因随意出入发生事故，我们将不负任何民事、刑事责任。特此公告。

大宇建设公司 启明大学新东山医疗院施工工地

6. 城市煤气安全检查通知

为预防发生煤气事故，我公司每年对您的家庭煤气使用设备进行两次安全检查。现将本次检查实施时间通知如下，望您积极配合检查，以免因错过当日检查而导致以后发生事故。

安全检查时间：11月10日(星期二)10：30-11：30

检查范围：307栋3号-5号

负责人联络电话：010－5342－7685

大成能源(股份公司)

7. 寻包启事

本人丢失哥伦比亚黑色登山包一个，里边有我学习用的书。

2013年10月7日8点半至9点之间在此地拾到并保管此包者请和我联系。

定有酬谢。

联系电话：010－4945－5052

8. 请柬

我们合二为一、意义深远的大喜之日即将到来。愿望在祝福的喜悦中才能得以实现，为使我们能有一个充满活力并值得回忆的开始，恳请您光临并予以祝福。

我们一定会珍惜我们美好的姻缘并幸福地生活。

朴○○★李○○

时间：2012年12月22日(星期六)下午1点

地点：大邱饭店2层安丹泰大厅

(大邱市西区内堂洞245-9，电话：053-608-0500)

三、

1. 今天很重要，今天该做的事情不要拖到明天去做，也就是诸如此类的意思。

2. 尽管笔试成绩十分优异，但由于不是名牌大学出身，学分不高，而且是外专业学生，所以，监考官就不会那么痛快地录取他。

3. 重要的不是你有什么样的开始，而是在今后的漫长人生跑道中，你将采用何种战术坚持到终点。

4. 获得眼前一时利益并不重要，通过一生奋斗实现自己的梦想才是最重要的。

5. 我并非是要你的写作水平一定要达到作家出书的水准，只是想让你了解这一点：用键盘打出来的并不都能成为文章。

6. 此外，由于取消了为禁止公职人员承担没有利害关系的业务而设立的防止利害冲突的条款，并把国会议员从适用对象中排除在外，有人批评这一脱离初衷的法律已经千疮百孔。

四、

1. 关于韩亚航空着陆事故报道的更正启事

本网站在7月8日题为“旧金山着陆事故客机操作师为仅有43小时B777飞行经历的副机长”的报道中，将飞机驾驶员李强国(音)机长错报为副机长。《中央日报》中文网对此失误谨向读者和当事人及相关人士表示深深的歉意。

《中央日报》中文网

2.

大家好！

金秋送爽，丹桂飘香。在这美好的季节，启明大学第一届中韩交流活动在这里隆重举行。在此，我谨代表中国留学生会向精心筹备本次活动的中文系教授和同学们、中国中心和孔子学院的老师们以及所有参加本次活动的同学表示衷心的感谢！我真心希望能通过此次活动加深中韩两国同学对彼此文化的理解，进而增进我们之间的友谊。

最后，我预祝此次活动圆满成功。让我们共同度过这段美好的时光！

谢谢大家！

3.

某某大学负责人：

您好！

首先非常感谢您所给予的关心与支持！.

写此信的目的是想向您说明一下韩国法务部有关留学签证申请规定的变更情况。

自2013年7月1日起，申请留学签证时所提交的银行存款证明书的开立日期与我校向法务部提交材料的日期(以法务部接收日期为准)相距须在30日以内。今年我校计划于7月19日向大邱出入境管理所提交签证申请，所以，本次申请签证的学生提交的银行存款证明书的开立日期须在6月20日以后。注意，开立日期指的是办理银行存款证明的日期，不是指冻结日期，请勿混淆。

此外，此次申请签证的学生中，如有尚未提交学历认证书、毕业证(原件)、户口本(原件)者，请一定于7月18日前将这些材料与补办的银行存款证明书一并寄至我校。由于我校同时办理所有外国学生的签证，不会因等待个别迟到的签证材料而推迟签证材料的正常递交，因此，请您一定在规定日期前将学生的所有材料一并寄至我校。

如有疑问，请来函告知。

祝合作愉快！

○○大学中国中心

韩中翻译练习(三)

一、

1. 邀请函

曲阜师范大学 东方语言文化学院

○○书记：

您好!

为推进两校友好合作的进程，洽谈双方能够合作进行的交流项目，我校拟邀请您和贵校以下人员于10月19日至21日访问我校。望通过此次访问，能进一步促进两校的共同发展。

祝贵校繁荣昌盛！

※ 被邀请人信息(略)

我们期待着与你们在我校校园相会。

○○大学中国中心主任

2010年9月1日

2.

恭请光临在天津美术学院美术馆举办的2007启明美术设计展

首先我要向所有关心和支持启明大学美术学院的人士表示衷心的感谢。

展翅高飞的启明大学美术学院在本院教授、学生及校友的共同努力和声援下，将于4月20日至4月30日应邀在中国最高美术教育学府天津美术学院美术馆举办“2007启明美术设计展”。

“2007启明美术设计展”是本院教授和学生及校友共同参与的展现启明大学美术学院实力和自信心的展览会，我们深信，这次展览会将有助于启明大学美术学院和天津美术学院携手并进，进一步深化双方在人力、艺术、学术方面的交流，以取得更高的艺术成就。

欢迎大家光临由天津美术学院举办的“2007启明美术设计展”。

启明大学美术学院院长

3.

邀请函

“第一届中韩人文学论坛”恭请您的光临！

在悠久的历史长河中，韩国与中国在许多方面累积着理解与合作。1992年建交以来，两国交流实现了飞跃式发展，正在树立相互尊重与共荣的关系。

两国首脑已就“加强人文纽带”达成共识，在此基础上，我们筹备了由韩国教育部、韩国研究财团和中国社会科学院共同主办的“第一届中韩人学论坛”，分文学、历史、哲学、语言、教育文化四个领域进行。

诚待诸位学识渊博的专家学者分享高见。如能赏光莅临，不胜感激！

企划委员会委员长 ○○○

2015年10月

二、

○○副处长：

您好！

大函已经收到。

和您及所有与会嘉宾在我们大学校园里一起度过的愉快时光至今难以忘怀。

本次多国高校孔子学院论坛能够圆满结束是您及总部○○主任大力支持与声援的结果，借此机会再次表示感谢。

您对本次会议的积极评价体现了总部对我校孔子学院的高度关心与期望，我也坚信我校孔子学院会更加努力地发挥韩中两国之间的桥梁作用。为使我校孔子学院能更好地完成肩负的任务，还请您及总部不断给予更多的支持和帮助。

非常感谢您邀请我参加12月份召开的孔子学院大会，届时如果时间和条件允许，我定会参加。

祝您阖家幸福!

○○大学校长

2010年 10月 21日

三、

1.

中国社会科学院研究生院国际交流合作处

尊敬的处长：

您好！

我叫○○，是刚上任不久的○○大学国际处处长和中国中心主任。很高兴能通过书信向您问候，和您相识我感到十分荣幸。

贵院校园搬迁延期，让你们十分担忧。我校十分理解贵院的这种处境，所以完全同意将国际学术研讨会的举办日期改在12月10日左右。

我校已经选定了4名发表者，目前论文准备工作进展顺利，论文定稿将于11月中旬寄给您。

温差较大，请您注意保重身体。最后我们希望您和贵院院长能在方便的时候访问我校。如能光临，我们将不胜感激。

顺致

秋安！

○○大学中国中心主任

○○ 教授

2010年10月13日

2.

致首都师范大学国际文化学院院长

2015年度第二学期KMU-CNU双学位生派遣及请求安排指导教授事宜

首先祝贵校蓬勃发展！

为发展两校间的友好关系，推进国际交流项目，双方于2015年1月5日签订了KMU-CNU协议，现将已经审定的KMU-CNU双学位生人事信息通报如下。

为使KMU-CNU双学位生在派遣到贵校期间能够积极认真地完成学业，还请贵校为其安排指导教授和生活协调员，并请发送包含汇款帐户信息在内的学费缴纳书，以便汇寄学费。敬请回复。

1. 双学位生人事信息及派遣期限

序号	专业	学年(学期)	学号	姓名	派遣期限
1	中国语文学	3(6学期)	5210661	○○	2015学年第2学期 ~ 2016学年第2学期 (共3学期)

2. 要求回复事宜

(1) 双学位生派遣期间贵校安排的指导教授姓名及人事信息；

(2) 双学位生派遣期间贵校安排的生活协调员(负责学生周末及连休期间的生活管理)姓名及人事信息；

(3) 包含汇寄双学位生学费所需的贵校汇款帐户信息和学费金额(注明兑换率信息)的学费缴纳书。

(4) 入学通知书及JW202(用于派遣学生留学生入境签证办理，望予以协助)

3. 关于派遣生学费缴纳问题的通报事宜

(1) 在双学位生派遣期间(三个学期)我校按不超过中文专业学费70%的标准向贵校支付学费(以下称为“学业支援金”)；

(2) 根据两校协议，我校在双学位生每学期开学时直接汇款支付“学业支援金”；

(3) 由于兑换率上升导致贵校学费增加时，超过“学业支援金”那部分费用由双学位生负担，并由其本人在开学时直接向贵校缴纳；

(4) 向贵校支付学费时产生的韩国内的汇款手续费由我校承担。

○○大学人文国际学院院长

2015年8月18日

四、

1.

韩国○○大学与中国武汉外语外事职业学院友好交流协议书

武汉外语外事职业学院与○○大学为了共同促进两校间的学术和文化交流，相互支持发展，达成以下教育及研究等相关领域的合作协议。

原则

根据双方达成的友好交流协议，进一步促进○○大学与武汉外语外事职业学院两校间的学术和文化交流，增进相互理解和友谊，深入发展双方友好合作关系。

范围及方法

得到双方校长或国际部门负责人的许可后, 可实施达成协议的下列活动或项目。

(1) 互派教师
(2) 互派学生
(3) 教师及学生的学术交流
(4) 参加合作研究项目
(5) 参加学术年会
(6) 交换学术资料和其他有关信息
(7) 开发特定的短期学术项目
(8) 开发双方教师的培训计划
(9) 共同培养本科生及双学位项目

上述活动的时间和预算在实施特定的项目和活动之前, 经双方协商后以书面形式确定。

协议的有效期及时间

本协议有效期为5年, 经过双方协商, 可以修改及补充。在协议期满六个月前, 任何一方如未以书面形式向对方通报终止本协议, 本协议将自动延长。

本协议有中韩两种文本, 具有同等效力。协议自双方代表签署之日起生效。

2010年9月10日

○○大学校长　　　　　武汉外语外事职业学院院长

2.

山东大学(威海)继续教育学院与韩国○○大学国际协力团
韩国文化体验团运营协议书

(一)合作内容：

山东大学(威海)继续教育学院(以下简称山大)与韩国○○大学国际协力团(以下简称○○)为促进两校间运营的"1+4本科生共同培养项目"，本着平等互惠的原则，决定以山大韩国语预科班学生(1年制)为对象，每年实施一次赴○○大学进行为期3天的韩国文化及校园文化的体验活动。

(二)○○职责：

1、○○负责在韩国境内将山大派出的学生及带队老师接至启明大学或送至韩国的下一个目的地；

2、○○承担山大派出的学生及老师在○○期间的饮食、住宿、交通等相关费用；

3、○○负责学生在○○大学期间的留学宣讲、参观、体验韩国文化等相关活动。

(三)山大职责：

1、山大积极向当年度韩国语预科班学生宣传这个活动，确保其得以圆满实施；

2、山大向○○提供赴韩国○○大学参观、考察的学生人数等相关信息，考察团人数原则上限制在40人以内，具体人数每年通过双方协商决定；

3、山大承担学生中国国内交通费以及国际交通费；

4、山大负责办理学生的相关出国手续及保险事宜。

(四)其他事项：

1、协议中未尽事宜由双方协商决定。

2、本协议自签字之日起生效，有效期为三年。协议到期后，如双方仍有合作意向，则应按当时具体情况商讨续签事宜。

3、本协议中、韩文一式两份，甲乙双方各持一份，具有同等法律效力。

山东大学(威海)	○○大学
继续教育学院院长	国际协力团团长
签字：	签字：
20　年　月　日	20　年　月　日

五、

1.

大家好！我是启明孔子学院院长○○。

首先我要祝贺在秋季美丽的校园里举行“第一届启明韩中交流大联欢活动”。毫无疑问，在21世纪韩国和中国应该共同成长，共同发展。我深信，这次我校中国留学生和中国语文学系学生及校内汉语学习者共同组织的这次活动，也是为构筑这样的未来的深层伙伴关系的一次活动，虽然规模不大，但是它一定会成为有意义的韩中交流的平台。这次活动只是一个开始，我希望这样的韩中交流活动每年能够延续发展下去。最后，我要向为筹备这次活动而辛苦操劳的教授和同学们表示衷心的感谢。

启明大学中国中心主任、孔子学院院长○○

2.

贺词

大家好！我是○○大学中国中心主任○○。首先，对曲阜师范大学韩国语系举办的第四次演讲比赛表示衷心的祝贺！曲阜师范大学东方语言和翻译学院的老师们重视韩国和韩国文化，尤其对于韩国语的卓越性与重要性有着深刻的理解。这次你们又以全校学生为对象举办韩国语演讲大赛，意义非凡。借此机会，我要对你们表示崇高的敬意和诚挚的谢意。

韩中两国自1992年建交以来，已悄然走过了21个春秋。在这期间，两国在各个领域的交流都取得令人瞩目的成就。我认为，韩中两国年轻人相互学习并掌握对方的语言，是这些成就得以取得的重要因素之一。因为掌握某种语言是理解该语言文化社会的捷径，是促进相互理解与交流合作的重要前提。我相信，不仅过去是这样，未来中韩两国的关系也将是在韩国学生学习中国语、中国学生学习韩国语的过程中得到健康的发展，两国年轻一代的相互理解和友谊也将得到不断的加强。从这个角度来看，曲阜师范大学举办韩国语演讲大赛的重要性已无需多说。

我深信，通过此次比赛，不仅是参赛学生,所有因此次活动对韩国语发生兴趣的中国学生与学习中国语的韩国学生未来都将成为扩大中韩两国交流合作的栋梁之材!

最后，衷心希望今天的参赛学生都能充分发挥自己的才能，取得优异成绩，并预祝此次演讲大赛获得圆满成功!

谢谢！

○○大学中国中心主任○○

2012年10月10日

六、

欢迎辞

大家好!

在○○大学阳光明媚的美丽的夏日校园里召开如此盛大的学术会议，并能邀请到众多中国学专家出席，我感到无比荣幸。在此，向所有来宾表示热烈的欢迎。据我所知，共同举办这次联合学术大会的岭南中文学会、大韩中国学会，中国人文学会、韩国中国文化学会是韩国中国学研究领域有代表性的研究机构。随着综合国力与国际地位的日益提升，中国的作用和影响力不仅在东北亚与亚洲地区，乃至于全球范围内，都在不断增强。不仅如此，韩中关系在所有领域里都不断发展，现已发展成互不可缺的共生关系。因此，在２１世纪，我们对中国的研究与分析的必要性和重要性是怎么强调也不过分的。从这一点来看，举行涵盖中国政治、经济、文化等所有领域的本次大型学术会议的意义是无需赘言的。

目前，我国社会因遭受国难而处于困难时期。在此，我要向在如此困境中仍然埋头于中国学研究的学者们致以崇高的敬意和真挚的感谢。我深信，各位学者的研究不仅有助于提高我国竞争力，而且有助于大大推动韩中关系的发展。

最后，对各位学者能够光临本校再次表示我的喜悦与荣幸之情。此外我还要感谢对于本次大会的召开给予了巨大帮助的岭南中国语文学会会长等工作人员，以及我校孔子学院、中国学系、中国语文学系相关人员。谢谢！

○○大学校长

2014. 5. 9

七、

○○大学是一所把优秀人才培养成更优秀人才的以教育为中心的大学（"BONUS INTRA MELIOR EXI"）。2011学年度我校被国家评为"教学先进大学"——ACE大学，作为国策事业资助大学，我校一直在大力推进本科教育先进化进程。不仅如此，我校还作为教育力量强化事业大学、创业先导大学和产学合作先导大学等多种国策事业资助大学，持续获得国家巨额资助，是一所实力雄厚、稳健发展的大学。

在○○大学城西校区，将医学院、看护学院、药学院连为一体的拥有一千个以上病床的综合大型医疗中心____新东山医院正在建设之中，预计将于2015年正式启用。新东山医院将构筑超现代尖端医疗系统，进而成为拥有113年悠久历史的世界一流医疗机构，它必将成为○○的又一大骄傲。

在我校本馆1层正面挂着一个大画框，里边是没有任何笔画的白纸。这张画题目为"Tabula Rasa"，题目下边写着"直到我们拥有自己的面孔"。虽然进入○○大学时只是一张白纸，但经过在校期间扎扎实实的绘制，最终你会成为伟大的人类文化的精英。○○大学是面向世界闪耀人类文化之光的殿堂。

○○大学校长

2012. 7

八、

○○大学中国语文学系中国语原语民教授招聘启事

1. 招聘领域及应聘资格

区分	聘用系科	专业领域及应聘资格、条件	数量
非终身职专任助教授	中国语文学系	1. 中国语言学(汉语教育专业者优待); 2. 母语为汉语的外国护照持有者; 3. 硕士以上学位拥有者。	1
提交的材料	1. 履历书(最新)1份[履历书上的所有学历和经历(包括攻读学位期间)的时间均须注明年月]; 2. 自我介绍; 3. 推荐书 (至少1份); 4. 学位证书(履历书上记载的所有学位) – 可以是复印件; 5. 成绩表(履历书上记载的所有学位课程) – 可以是复印件; 6. 经历证明书(履历书上记载的所有经历) – 可以是复印件; 7. 硕士学位论文1部(博士学位拥有者须提交硕士学位论文和博士学位论文各1部; 8. 最近3年的研究成果原件各1部;		

	9. 护照复印件。 注：所有非韩国语和英语的文本材料均需附韩国语译本。
选拔方法	1.文件审查：审查应聘者是否符合应聘条件，提交的文件是否齐备； 2.面试审查：审查应聘者人品及教授素质等。
其他	面试审查仅限于符合条件者，个别通知。

2. 应聘文件提交方法

a. 应聘文件受理期限：以2013年10月31日(星期四)17点之前到达者为限。

b. 应聘文件提交方法：一般邮寄、特快专递或访问提交均可。

c. 受理/咨询处：

704-701 韩国大邱广域市达西区达句伐大路1095号：

○○大学人文学院中国语文学系

电话：+82-53-000-0000(研究室)／010-0000-0000(手机)

d. 文件格式：履历书、自我介绍、推荐书均不限格式。

3. 待遇

a. 年薪：(略)

b. 宿舍：免费入住我校外籍教授专用国际公寓。国际公寓紧张需到校外居住时，学校每学期提供300万(每月50万)补助金，于学期初一并支付(按税法规定，这笔钱属于其他所得，所以要扣除税金后支付)。

韩中翻译练习(四)

一、

1. 在半小时以前他还在这里看演出呢。
2. 以前他去了一次上海, 可是后来他对别人说他从来没去过。
3. 1966年, 一场因吸烟引起的大火, 共燃烧了三十二天, 毁林五十二万公顷。
4. 去年, 这里发生一起车祸, 死亡30人, 伤60人, 引起很大震动。
5. 到了十一点, 派出所的人又来了。
6. 他用手机打的国际电话。
7. 你当时在哪儿念的小学?
8. 你昨天在哪个电影院看的电影?
9. 以前我怎么教育你来着?现在都忘了?
10. 他在中国的时候, 也曾多次想过这个问题。
11. 前不久一个休息日, 他们两口子带儿子去了一趟首尔大公园。
12. 那类书去年他已经买了五本了, 可上礼拜天他又买了两本。

二、

1. 一直在外地打工的女儿回来了。
2. 我读完了从你那借来的报纸。

3. 正在愈合着的伤口又恶化了。
4. 他向去年在报社曾遇见过的记者叙述了自己的感想。
5. 躺着的妈妈听到孩子的哭声一下子坐了起来。
6. 在那儿坐着的人掏出了烟, 点燃了火。
7. 他在给孩子们讲自己小时候经历的事。
8. 坐在后座席上男子在会议中一言不发。
9. 刚才还玩得好好的孩子突然哭了起来。
10. 虽然他上有年老的父母, 下有三个不懂事的孩子, 老婆又是老病号, 但是他从来不叫苦, 也没有伸手要过补助。

三、

1. 安贞桓的去向将在两周内有结果。
2. 王老师要去进修,得赶紧找人替补。
3. 首先, 将由丈母娘把大雁传给女婿。
4. 今后20年内, 全球气候将发生突变。
5. 东道主德国队将与巴西队会师决赛, 这完全是上届的翻版, 太无趣了。
6. 我将全力以赴为球队、为我的国家而战。
7. 我们将继续前进, 我们将以最好的精神状态迎战瑞士。
8. 你一周之内将有血光之灾, 行事千万要小心。

四、

1. 读书时最好养成随时作笔记的习惯。
2. 明天走的人现在在哪儿休息？
3. 高贤贞将主演的电视剧是一部爱情剧, 描述了男小女大的一对情人的爱情故事。

4. 以上两点的选择都证明“改革派”将在短暂沉寂后掀起第二次革新。
5. 如果贵公司在价格上没有商量的余地，那我们只好放弃了。
6. 想买书的人明天一起去书店吧。
7. 再过几个小时就要出发的人到底去哪儿啦？
8. 我没有离开这里的想法。

五、将下列短文翻译成汉语。

1. 启明大学东山医疗院的前身——济众院

1897年12月25日，约翰逊宣教士骑着矮种马从大邱城南门进入大邱。这一天既是圣诞节，又是礼拜日。两年后，他先在这里购买一间韩式小屋开药房，单纯销售药物，挂牌为“美国药房”。后来，所有准备就绪后开始从事医疗活动，牌名改为“济众院”。约翰逊诊所开张时间推定为1899年12月24日。“济众院”是岭南地区最早引进西洋医术创办的医院，也是现启明大学东山医疗院的前身。

济众院开院后到第二年夏天为止，治疗患者1700名，其中包括重病患者800名，手术患者50名，院外患者80名。1901年至1902年间，医治患者多达2000人次。

2. 韩国近代音乐的先驱——作曲家朴泰俊

100多年前，日帝强占时期的韩国人民因丧失国家主权而充满悲伤和痛苦。这时，有一个人用他创作的歌曲融化着日本独裁统治下国民冰冷的心，给他们以温暖的希望。

他就是作曲家朴泰俊先生(1900-1986)。当时韩国人对西洋音乐几乎一无所知。就是在这种情况下，朴泰俊先生通过各种音乐活动奠定了韩国西洋音乐的基础。

朴泰俊先生1920年作曲的《大雁》、《秋夜》等童谣，比原先被认为是最早的尹克荣创作的《半月》还要早6年。他在1922年22岁时完成的《思念朋友》也是我国最早的西洋古典音乐歌曲。

朴泰俊先生是韩国伟大的作曲家。他不仅是我国最早的童谣和西洋古典歌曲的作曲者，还是包括其代表作品《思念哥哥》、《嘒嘒》、《骤雨》、《微风》等在内的150多首优秀童谣和歌曲的作曲者。朴泰俊先生虽然离我们而去，但他的歌曲至今依然深受广大民众的喜爱。

为继承朴泰俊先生遗志，2009年大邱中区文化院和大邱地区文人在青萝山丘为他竖立了歌曲碑。

3. 大邱 3·1运动路

从传教博物馆到医疗博物馆的途中，可以看到3·1运动时用来运送太极旗和独立宣言书等用具的秘密通道。现在很难看出当时的形状，但当时这是从大邱南城路通往大集市的一条捷径。路边树木茂盛，易于隐藏，很适合用来运送万岁运动的用具。

1919年3月8日在大邱爆发的万岁运动是由第一教会和西门教会、南山教会的教徒和启圣学堂、新明学堂、圣书学堂的学生及大邱高普(现庆北高中)的学生以及众多市民联合发起的大范围抗日独立运动。事先计划好的举事集结地点是大集市内姜氏盐店前的空场(现纤维会馆正门对面)。参加示威者要到这里聚集, 首先要避开潜伏在市场各个角落里的便衣警察的监视。所以普通教徒乔装成商贩进入市场, 启星学校的学生也身着白色袍子假装商贩走出校门, 进入马路对面的东山医疗院松林, 然后分散去集结地点。一些新明学堂的学生装作去洗衣服, 端着盛有衣物的盆沿着河边走。当时洗衣地点在现第一教会入口和桂山圣堂之间的河边。

于是, 平时并未引人注意的东山医院山坡松林成了大邱3·1运动举事的重要秘密通道。如今, 当年那郁郁葱葱的丛林都消失不见了, 林中小道当然也不见踪影, 曾经在这条路上走过的无数爱国青年的足迹也已消失。但是, 爱国学生在这片土地上踏过的气势雄健的脚步声至今仍在这片土地上震荡。

在迎接3·1运动爆发八十四周年(2003)之际, 以前连接东山医疗院山坡和松林的具有发起3·1运动历史意义的道路被命名为“大邱3·1运动路”, 以向后世颂扬大邱3·1运动的宝贵精神。

4. 天气预报

5月21日(星期六)周末明天因继续受东海高气压影响, 全国天气基本晴朗, 但济州岛时有多云。首尔、春川、大田、光州白天最高达到31度, 将持续高温天气。

预计明天烟尘浓度比20日稍微下降。

预计明天周末全国各地早晨最低气温17度, 春川13度, 江陵15度, 大田13度, 青州16度, 大邱12度, 光州16度, 全州15度, 釜山

16度，济州岛17度，郁陵独岛14度。

预计明天全国各地白天最高气温首尔31度，春川31度，江陵23度，大田31度，青州30度，大邱28度，光州31度，全州30度，釜山25度，济州岛23度，郁陵独岛20度。

根据气象厅的全国本周周末到下周一周(5月21-26日)天气简报，本次预报期间因受气压低压槽的影响，24日中部地区、26日济州岛将有降雨天气。其他日期因进入高气压边缘时有多云。

气温略高于常年(最低气温：10-16度，最高气温：21-27度)，降水量南部地区低于常年(1-9mm)，但中部地区和济州岛与常年降水量相同。

5. 美军两艘宙斯舰将在韩半岛附近海域举行反潜演习

据18日得到确认的消息，美国海军的两艘宙斯舰与韩国海军将于19日至24日在韩半岛附近海域举行假想北韩进行多种挑衅的联合海上演习。分析认为，这是针对北韩举行第五次核试验和导弹发射挑衅危险发出的警告信号。

据驻韩美军消息人士透露，美国海军的宙斯舰迪凯特号(DDG 73, 8880吨)和马姆森号(DDG 92, 9300吨)，将于19日起在南部海域和西部海域，与韩国海军驱逐舰和反潜直升机等一起，举行对舰和反潜演习。属于美国海军西太平洋前进部署舰队的这两艘宙斯舰，装备有可以拦截飞毛腿、劳动、舞水端等北韩不同型号弹道导弹的SM-3导弹和可以对数千公里外的目标进行精密打击的巡舰导弹、鱼雷和舰载炮等。

尤其是迪凯特号曾在2013年西太平洋马歇尔群岛附近海

域, 利用末段高空导弹防御(THAAD, 萨德)系统, 成功拦截了假想为北韩舞水端导弹的中程导弹试射, 引起高度关注。据悉, 此次演习中, 韩美海军还将举行针对北韩从潜水艇中奇袭发射弹道导弹(SLBM)的识别演习。驻韩美军有关人士表示:"此次演习是旨在提高韩美海军联合作战能力、维护韩半岛防御和地区稳定的纯防御性演习。"

此外, 韩国和美国、日本等三国的宙斯舰, 将在6月底在夏威夷近海举行历史上第一次北韩弹道导弹警报演习。演习将以这种方式进行: 美国安排假设为北韩导弹的航空器上天, 韩美日三国的宙斯舰随即进行搜寻和追踪, 捕捉其飞行轨道后, 相关情报三国共享。

韩中翻译练习(五)

一、

1. 朴总统访问伊朗之后需要面对的课题是安抚沙特等“伊朗的冤家对头”
2. 平昌冬奥会组织委员会委员长赵亮镐突然辞职
3. 期待伊朗在解决北韩核问题上发挥作用
4. 北韩将于下月6日举行党代会，巩固金正恩独裁统治
5. 朴槿惠总统：“劳动市场要实现按能力计酬”
6. 美国总统真的使用三星冰箱？
7. 用双脚感受首尔市景吧
8. 对酒后驾驶不予劝阻的同乘者亦将受到处罚
9. “妻子工作时间越长丈夫越容易出现抑郁感”
10. 美国开始讨论制定制裁蹂躏人权的朝鲜高级官员方案
11. 没有创新的苹果13年来首次出现逆增长
12. 韩国被美国指定为汇率监控对象 出口将大受影响
13. 1990年代后半叶“苦难的行军”时期朝鲜银行盗窃事件频发
14. 美国情报局负责人秘密访韩 讨论北韩核试验应对之策
15. “世界上最受尊敬的男性”排名 普京盖过教皇
16. 朝鲜时代佛画在纽约拍卖会上拍出20亿韩元
17. 韩流明星“朴海镇邮票”将于下月在中国发行

18. 申京淑首次就涉嫌“剽窃”表态：“并未剽窃”
19. 美国国防部将东海单独标记为“日本海”
20. 特朗普：“韩国必须承担驻韩美军全部费用”韩国军方：“难以开口向美国总统候选人说明军费问题”

二、翻译下列新闻报道

1. 旅美企业家夫妇又捐赠母校首尔大学12亿韩元

旅美企业家夫妇向母校首尔大学捐赠了一笔巨额善款。首尔大学17日表示，朴氏家族基金会理事长朴秉俊(82岁)和夫人洪贞姬(81岁。两人均为首尔大学纤维工学系1952级学生)最近又向母校捐赠了100万美元(约12亿韩元)。这是该夫妇继2004年向母校捐赠10亿韩元后的又一次捐款。朴理事长表示，“苦于不知道该怎么回报得到的祝福，最后决定捐款。”他还说道：“韩国也应像发达国家一样使捐赠文化变得越来越成熟。”朴理事长先后毕业于首尔大学和美国麻省理工学院(MIT)、英国利兹大学等大学，他于2001年以20亿美元的价格把自己在1986年成立的美国工业产品安全性试验评估研究所(MTL)出售给法国的国际品质检查机关——必维国际检验集团，之后就一直致力于慈善活动。

2. 对酒后驾驶不予劝阻的同乘者亦将受到处罚

宣布“清除除酒后驾驶行为”的检察厅和警察厅决定，对明知驾驶者饮酒事实也不予劝阻的同乘人员以及明知司机会开车还出售酒水的餐馆业主，也予以处罚。因酒后驾驶导致他人死亡或者5年内因酒后驾驶合计被查处5次以上，车辆将被没收。

大检察厅和警察厅24日公布了“加强对酒后驾驶者的处罚和查处方案”，宣布从25日起开始实施。该方案中包含了将加大对同乘人员和酒类销售者的处罚、加强导致人员死亡事故的量刑标准、没收酒后驾驶惯犯的车辆等内容。

除了要对酒后驾驶的当事人进行问责，还要对助长或默认酒后驾驶的协助者进行问责，这一措施显示了警方要彻底根除酒后开车惯行的决心。从2002年起到去年，被以酒后驾驶协助罪起诉的同乘者达96人，其中89人被罚款处罚，5人被处以缓刑。到目前为止，还没有酒类销售者遭到处罚的案例。

警方计划今后从初期现场调查阶段起，就对涉嫌协助酒后驾驶者展开积极调查。明知驾车者已经喝酒还递交钥匙，或者劝诱驾驶的同乘者，将被视为酒后驾驶协助犯或酒后交通事故共案犯遭到处罚。即使是在驾车人难找代驾或只能酒后驾驶的情况下，对其售酒者也将成为处罚对象。

制造致人死亡交通事故的驾驶者，将按照杀人罪加以处罚。原则上要进行拘留后调查，至少判处3年以上的徒刑。造成多人死亡的交通事故，原则上至少判处交通肇事者7年以上的徒刑。大检察厅刑事部长朴均泽表示：“即使不是致人死亡事故，只要是酒后驾驶伤人事故造成受害者需4周以上方可痊愈，就将恢复对肇事者进行正式审判、而不是简略式审判的制度。”

记者：朴成民

3. 德黑兰的韩流外交

[朴总统访问伊朗]
不宣传紫菜饭团，观看连续剧《张英实》，朗诵诗歌……
为配合朴总统访问伊朗"韩国文化周"拉开帷幕……韩伊协商决定共建韩流桥头堡"K-Tower"

朴槿惠总统此次对伊朗的访问也可以说是一次为推进韩流正式进入伊朗而进行的文化外交活动。文化体育观光部为配合朴槿惠总统访问以德黑兰标志性建筑默德塔为中心举行"韩国文化周"活动。

当地时间5月2日下午4点，100坐席规模的默德塔电影院大厅被希望抢先一睹新韩国电视剧的伊朗观众挤得水泄不通。当天"K电视剧上映会"在两个半小时内连续播放了KBS《张英实》第一集、MBC《狱中花》精彩片段、SBS《六龙飞天》第一集。尤其当《张英实》男主角宋日国出现在荧幕上的时候，观众席上发出了阵阵欢呼声。宋日国主演的《朱蒙》2008年在伊朗电视台播放时的收视率达到60%。此前2006年播放的《大长今》则创下了86%的收视纪录。申请首日就有200人申请参加活动，是可接受人数的两倍。

朴槿惠当天观看了在默德塔音乐大厅举行的"韩国、伊朗文化共鸣"演出，并参观了展示厅内的"韩国文化展"。"文化共鸣"是由韩国国立国乐院创作乐团和伊朗国立管弦乐队合作演出。两个乐队合作表演了韩国"阿里郎演奏"和伊朗"伊本西拿"。当天的表演中还包括了伊朗传统武术"祖尔哈纳"表演和跆拳道招式、攻击示范表演等。

韩国和伊朗的文学界也展开了交流活动。当天在德黑兰的伊朗文化厅会议大厅，韩国诗人金后兰、慎达子、张锡南与伊朗诗人协会会长帕特玛·拉卡伊、诗人默罕默德·阿里·巴赫玛尼交换并朗诵了彼此的诗作。伊朗有句话说"伊朗家庭再穷也会有两本书，一本是可兰经(伊斯兰经典著作)，另一本是诗集"，可见伊朗人对诗的喜爱。韩国文化体育观光部为了进一步增进两国的文化交流，将于2017年在伊朗开设韩国文化院。这将成为继阿联酋之后的中东地区第二个韩国文化院。

此外，韩国LH和POSCO建设公司与伊朗教师退休基金建筑公司协商决定在德黑兰共建韩流文化综合中心"K-Tower"，使其成为促进伊朗的韩流文化和商业活动的中心。1977年，两国以德黑兰市长访问首尔为契机，在首尔和德黑兰分别将一条道路改名为德黑兰路和首尔路。"K-Tower"被认为是第二个两国友好的象征。

4. 安哲洙居下届领导人好感度调查支持率首位(21%)，仅一个月骤升11%

韩国舆论调查机关盖洛普29日宣布，国民之党常任共同代表安哲洙在下届领导人好感度调查中以21%的支持率占居首位。盖洛普调查的问题是："你认为谁当下届总统最好？"

韩国盖洛普从去年8月开始实施下届政治领导人好感度调查，这次是安代表在该调查中首次占据首位。安代表也成为在同期内第一个获得20%以上支持率的下届政治领导人。在全国议员选举的3月份安代表的好感度支持率为10%，与之相比，仅一个月骤升11个百分点。

共同民主党前代表文在寅以17%的支持率居第二位。这也是自韩国盖洛普去年8月实施下届政治领导人好感度调查以来他所获得的最高支持率。此前他的支持率一直高于安代表，但这次被安代表反超。

继安代表和文在寅前代表之后的是前首尔市长、新国家党的吴世勋(7%)，首尔市长、公同民主党的朴源纯(6%)。再其后是无所属的柳承民(4%)，新国家党前代表金武成(3%)，共同民主党当选议员金富谦(3%)，忠南知事、共同民主党安熙正(2%)。

根据本人要求，联合国秘书长潘基文和前议员孙鹤圭未被列入韩国盖洛普实施的下届政治领导人好感度调查对象之中。

以上有关下届政治领导人好感度调查的内容，是韩国盖洛普在26-28日之间以成年男女1001人为对象实施的舆论调查的结果(误差率为95% ±3.1%)。

这次调查还显示，朴谨惠总统国政支持度下落趋势停止延续。

针对朴总统国政运营好坏的提问，持肯定态度者占30%，比一周前上升1个百分点，持否定态度者占56%，比一周前下降了两个百分点。

5. 韩流让世界掀起TOPIK热潮

在45个国家举行的第46次韩国语能力考试应试者多达72295人，为历届最多

教育部人士：得力于《太阳的后裔》的人气

本月17日上午，来自澳洲小学、初中、高中的17名校长来到首尔景福宫参观。他们是由正在或计划将韩国语作为第二外国语进行教学的学校组成的校长代表团成员。正在学习韩国语的小学校长玛尼莎·嘉左拉·卡特莱德(音)，对迎面而来的韩国人用韩国语问好说：“您好！(안녕하세요)”“很高兴见到您！(반갑습니다)”南史卓斯菲尔小学校长卡伦·莫蒂默(音)说：“去年起，我们开始向附属幼儿园学生教授韩国语，孩子们现在能在家里唱韩国童谣《三只熊》。”在澳洲，有66所学校的9250名学生正在将韩国语作为第二外国语学习。

在之前的本月16日(当地时间)，非洲摩洛哥王国首都拉巴特举行了首次韩国语能力考试。有69名摩洛哥青年在国立穆罕默德五世大学的教室里参加了考试。韩国驻摩洛哥大使馆人士表示：“由于在大学开设了韩国语课程，以青年阶层为主的关注韩国语言和文化的热潮正在兴起。”

乘着韩流的东风，全世界各地正在掀起学习韩国语的热潮。本月16日，全世界45个国家的164个地区举行了第46次韩国语能力考试(TOPIK：Test Of Proficiency In Korean)，应试者有72295人，为历届最多。

这次考试在包括中国、法国、澳洲、阿根廷、南非共和国等在内的世界各大洲同时举行。在1997年的第一次考试中，韩国、日本、乌兹别克斯坦、哈萨克斯坦等4个国家有2692人应试。时隔20年，应试人数已增加至第一次考试的27倍。今年下半年，还将在玻利维亚、牙买加、波兰等地举行考试。

TOPIK由韩国教育部和国立国际教育院主管，通过考试对母语不是韩国语的外国人的韩国语能力进行评估。考试实行初期，以与韩国人结婚的移民者和在外同胞为主要对象，但2000年代中期以后，随着韩国电视剧、K-POP人气高涨，应试人数开始大幅增加。教育部有关人士说："继2012年歌手PSY的《江南STYLE》大热之后，最近的电视剧《太阳的后裔》又在全世界大受欢迎，推动了韩国语学习热潮。""看这趋势，今年的TOPIK应试人数将超过30万人。"

6. 中国限制对习近平搞个人崇拜——不许使用"习大大"称谓

据香港《明报》22日报道，中国共产党正在控制对国家主席习近平进行个人崇拜的气氛。

报道称，党中央宣传部最近向各地方政府下达指示，要求"各级领导对习近平同志领导的党中央公开发言时，应全面、明确并符合规范"，"不能随意添加、修改其内容"。宣传部还指示地方媒体："进行习近平主席相关报道时，禁止使用'习大大'这一称呼。""习大大"意为"习近平伯伯"，是亲切称呼习主席的社会流行语。

据《明报》报道，去年起《让我们一起支持习近平吧》、《要嫁就嫁习大大这样的人》等歌曲走红中国网络。各级地方政府领导展开公开支持习近平的竞争。在召开两会之前的1-2月，有17名各省省长及省委书记级人士三天两头地公开表态"支持习主席"。

《明报》在报道中说，从去年起，对习近平进行个人崇拜的气氛已经在共产党内部成为有争议的话题，于是从11月起中国开始禁止新华社和人民日报等中央媒体对习近平使用"习大大"这个称呼。

7. 禁止公职人员不正请托的“金英兰法”施行案公布

今后，如果公务员、教师、媒体从业人员等，接受与职务有关的人员提供超过3万韩元的食物招待，将被罚款。同时也不能收受超过5万韩元的礼物和超过10万韩元的礼金和丧礼钱。

国民权益委员会9日公布了包括以上内容的“关于禁止不正请托及收受钱财的法律”(金英兰法)实施令。在13日就金英兰法实施令进行立法预告后，将举行为期40天的听证会，继续征求各界的意见。其后，经过规章制度改革审查、法制审查、国务会议等，将于9月28日起开始实施。

用餐费用，完全参照执行了现行公务员行动纲领的规定(3万韩元)。红白喜事的礼金定为10万韩元，是现行标准(5万韩元)的两倍。过去的公务员行动纲领原则上禁止收受礼品，但此次新规定允许接受不超过5万韩元的礼品。与职务有关的外出讲演也设立了收费标准。公务员每小时讲演费，长官(部长)级不得超过50万韩元、次官(副部长)级不得超过40万韩元、4级以上公务员不得超过30万韩元。媒体人员和私立学校的教职员工每小时可最高收费100万韩元。

2012年8月作为政府立法诞生的金英兰法，历经迂回曲折，目前距离最终实施只剩下4个月。2014年7月朴槿惠总统表示，这是“保障国民安全和进行国家改造所采取的第一步措施”，呼吁国会予以批准，而在这一过程中，适应对象也扩大到了私立学校教员和媒体从业人员。此外，由于取消了禁止公职人员承担与工作无关的业务的防止利害冲突条款，并把国会议员从适用对象中排除在外，有人批评这一脱离初衷的法律已经千疮百孔。

宪法机关、中央行政机关、地方自治团体、与公职相关的团体等所有公共机关和学校、学校法人、媒体都将被包括在金英兰法适用对象之内。相关机构的从业人员据推测有200万人，如将配偶包括在内，将达到400万人。

三、

韩江所获曼布克奖设立于1969年 英语圈和非英语圈作品分别评选

英国的曼布克奖与诺贝尔文学奖、法国的龚古尔奖一道，并称为世界三大文学奖。该奖由英国综合物流公司布克集团于1969年设立，当时命名为"布克奖"，从2002年起该奖开始接受金融投资公司曼集团的赞助，故改为现名。

该奖项分为大奖和国际奖。大奖早先是以英国以及英联邦国家作家为授奖对象，但从2014年起不论国籍，凡用英文写作并在英国出版的所有文学书籍均为授奖对象。韩江荣获的国际奖设立于2005年，目前以用英语以外的其他语言创作的小说作者和英译者为共同授奖对象。到去年为止，国际奖都是以作家全部作品为评价对象，两年颁奖一次，但从今年起改为只以作家的一部作品为评价对象，每年颁奖一次。

由评论家、小说家、学者组成的评选委员会，从英语圈出版业相关人士推荐的小说中，评选出获奖作品。想要入围国际奖候选，即使是非英语圈作品，也必须翻译成英语并在英国出版。

四、

首尔长达28年的千万人口时代落下帷幕

因全租房难求而搬往京畿道者众多

居住地址为首尔的人口3月份跌至999万，首尔持续28年的"1000万人口时代"宣布终结。

韩国统计厅26日公布的数据显示，以居民登记为准，首尔3月的城市人口为9999116人(不包括在外国民)，跌至1000万以下。这是自从首尔市人口在1988年超过1000万人、统计厅开始实施人口动向调查28年来首尔人口首次跌破1000万。

据统计厅当天公开的《3月国内移动》资料显示，包括在外国民的3月份首尔人口为10009588人，但若除去在外国民10472人，实际人口不到1000万人。

首尔市人口跌破1000万是因为搬出首尔者多于搬进首尔者。首尔人口2009年2月首次出现2300人净流出，此后持续了7年多的净流出态势。2016年3月的净流出规模为8820人，在全国广域市、道中居于首位。相反，京畿道在3月份净流入9264人。京畿道从2015年3月开始一直稳居人口净流入排名第一。韩国统计厅人口动向科科长李知娟认为，房价上涨和全租房难求导致首尔人口向京畿道迁移。

五、翻译下列图片说明文。

1. 大邱银行第1号单据本

   纪录创立后第一天营业交易内容的单据本。

2. 手动式支票发行机
   用手动方式印刷数字的支票和证书发行机器
3. 朴正熙总统的存款单
   朴正熙总统为庆祝大邱银行开业而开的定期存款单, 储蓄金额为10万韩币。
4. 储蓄会计机
   能自动计算存款、支付、利息金额并能纪录总账和存储内容的机器。
5. 儿童银行
   这里是专为儿童设置的体验场所。通过亲密接触, 儿童们能亲身体验从物物交换到现代货币交换的发展过程, 银行所从事的活动和用钱可以从事的五种经济活动等, 从而使他们对原来感到神秘困惑的金融经济活动产生浓厚的兴趣。
6. 心电图机
   这是纪录心脏肌肉弛缓和收缩时产生的活动电流的心电图记录仪器。它的制作年代大约是在第二次世界大战前后或6·25韩国战争前后。
7. 联合国秘书长潘基文25日下午抵达济州国际机场, 图为下机时他向迎接者挥手致意。
8. 在贤岛相见的美日首脑。25日, 为参加G7峰会访问日本的美国总统奥巴马(左)与日本总理安倍晋三在三重县志摩市前海的贤岛上的一家酒店举行首脑会谈, 之后举行联合记者招待会。奥巴马将于27日访问遭受原子弹破坏的广岛市, 奥巴马将成为首位访问广岛的美国在任总统。

9. 李智秀博士站在大田韩国科学技术信息研究院(KISTI)的超级电脑“TachyonⅡ”前。他下个月将前往沙特就任阿卜杜拉国王科技大学(KAUST)超级电脑中心主任。李博士说:“我将在沙特积累经验后再回国为韩国的技术发展做出贡献。”

六、翻译下列影像说明文。

1. 形同大水碗的蓄水池
   看看蓄水池的惠泽和尖端蓄水池所应用的技术, 可以了解16个蓄水池都具有什么特征, 都适用哪些技术。
2. 与江为伴的历史人物
   通过历史人物展现扎根于江边繁衍生息的大韩民族人民的生活, 借此可以体会江河与人类共变的意义。
3. 我们的江, 我们的歌
   在地图上选择一条江, 你就可以通过影像欣赏了解大众歌谣中表现出来的该江的风貌和该时代人的故事。
4. 一览无余的16个蓄水池
   16个蓄水池的实时变化能够通过监控视频和韩半岛地图一起观察。请欣赏为反映各水系地域和文化特点而设计的16个蓄水池的美貌。
5. 水画
   我们可以在屏幕上看到水流的变化。请把手放在屏幕上观察水流的反应。这个视频影像利用水的属性使人能生动有趣地体验植物生长、生命诞生和积水腐败等现象。

参考文献

白水振、金立鑫、白莲花, 2014, 汉韩语主语省略的类型学分析,《邵阳学院学报(社会科学版)》第13期。
北京大学等, 1996,《标准韩国语》(一年级·上下册), 北京大学出版社。
陈尚胜, 1997,《中韩交流三千年》, 中华书局。
陈新, 2011,《直译与意译研究》, 北京大学出版社。
富民文化社问题银行编, 1989,《国语文法论》, 富民文化社。
高名凯、石安石主编, 1979,《语言学概论》, 中华书局。
韩容洙, 1999, 汉语时制分析的新突破,《汉语学习》第6期。
何镇华等, 1990,《朝鲜语基础教程》, 延边人民出版社。
胡裕树主编, 1996,《现代汉语》重订本, 上海教育出版社。
黄伯荣、廖序东主编, 1991,《现代汉语》(增订本), 下册, 高等教育出版社。
黄自然, 2007, 汉语时制问题研究述评,《语言理论研究》第5期。
姜龙范、刘子敏、王臻、郑光日、苗威, 2006,《清代中朝日关系史》, 吉林文史出版社。
金昌吉、张小荫, 1998, 现代汉语时体研究述评,《汉语学习》第4期。
金利湜(译), 2010,《充满历史与传统气息的文化旅游城市__大邱》, (社)大邱广域市博物馆协议会。
金南都著、金勇译, 2012,《因为痛, 所以叫青春》, 广西技术出版社。
金祥元、朴泰衡, 1993,《中级朝鲜语》(1) , 东北朝鲜民族教育出版社。
竟成, 1996, 汉语的成句过程和时间概念的表达,《语文研究》第1期。
李临定, 1990,《现代汉语动词》, 中国社会科学出版社。
李龙海、李承梅, 2009,《韩中翻译教程》, 上海外语教育出版社。
李铁根, 1999a,《现代汉语时制研究》, 辽宁大学出版社。
李铁根, 1999b, 现代汉语无标时制句的分类及其时制隐含,《中国言语研究》第9辑。
李铁根, 2003, 现代汉语过去已然标记,《中国语文学誌》第14辑。
李铁根, 2004, 关于歧义表时标记,《中语中文学》第34辑。
李铁根, 2005, 现代汉语未然标记的类型及其相对时功能,《中国语文学论集》第32号。

李铁根, 2007, 汉语"将"和韩国语"겠"的异同考察,《中国语文学论集》第42号。
李铁根, 2016, 韩中翻译及教学策略,《中国学报》第76辑。
李铁根、孙庆玉、方香, 2000, 汉语和韩国语动词定语时制的比较,《中国语文学》第36辑。
李翊燮、任洪彬, 1998,《国语文法论》学研社。
李周行, 1993,《现代国语文法论》(修订版), 大韩教科书株式会社。
林从纲、任晓丽编著, 2005,《韩国语概论》, 北京大学出版社。
刘传清、成葩, 2008, 韩汉语言对比与对韩汉与教学,《三峡大学学报(人文社会科学版)》第30卷, 专辑。
刘月华等, 2003,《实用现代汉语语法》增订本, 商务印书馆。
柳英绿, 1999,《朝汉语语法对比》, 延边大学出版社。
陆俭明, 1959, 现代汉语中一个新的语助词"看",《中国语文》第10期。
陆俭明, 1991, 现代汉语时间词说略,《语言教学与研究》第1期。
陆俭明、马真, 1985, 关于时间副词,《现代汉语虚词散论》, 陆俭明、马真著, 北京大学出版社。
吕钼, 2006, 韩国语新闻报导翻译小议——以韩中翻译为中心, 中央民族大学硕士论文。
吕叔湘主编, 1981,《现代汉语八百词》, 商务印书馆。
马立, 2013, 翻译教学策略,《中国科教创新导刊》第34期。
朴真奭著, 1984,《中朝经济文化交流史研究》, 辽宁人民出版社。
朴淑子、禹佳京编著, 2006,《简明韩国语语法》, 中国宇航出版社。
启明大学东山医疗院医疗宣教博物馆, 2014,《启明大学东山医疗院医疗宣教博物馆》, DESIGN PEAK。
全香兰编著, 2005,《韩中翻译技巧》, 北京语言大学出版社。
全银花, 2012, 韩中翻译中直译和意译的运用,《考试周刊》第49期。
邵敬敏主编, 2007,《现代汉语通论》(第二版), 上海教育出版社。
宋玉柱, 1981, 关于时间助词"的"和"来着",《中国语文》第4期。
苏荣珂, 2012, 韩中翻译中谓语的句子成分转换,《语言研究》第2期。
王志, 1989, 谈汉语时间概念的表达,《逻辑与语言学习》第2期。
韦旭升、许东振, 1997,《韩国语实用语法》, 外语教学与研究出版社。

肖奚强、金柳廷, 2009, 韩国学生汉语代词照应偏误分析,《中国语文学杂志》第30期。

徐春兰, 2013, 浅谈韩国语和汉语过去时制表达方式及其特点,《文学教育》第12期。

宣德五, 1994,《朝鲜语基础语法》, 商务印书馆。

杨 宁, 2010,《浅谈朝汉翻译史及其特点》,《读与写杂志》第4期。

张斌主编, 2010,《现代汉语描写语法》, 商务印书馆。

张济卿, 1998, 论现代汉语的时制与体结构,《语文研究》第3、4期。

张培基等, 1987,《英汉翻译教程》, 上海外语教育出版社。

赵恩芳, 1998, 谈"时间副词"和"时间名词",《中国成人教育》第7期。

赵永新, 1995,《语言对比研究和对外汉语教学》, 华语教学出版社。

郑宗杜等, 1993,《时间与时态》, 青岛海洋大学出版社。

中国社会科学院语研究所词典编辑室编, 2012,《现代汉语词典》第6版, 商务印书馆。

김난도, 2011, 〈아프니까 청춘이다〉, 쌤앤파커스.

김한규, 1999, 〈한중관계사Ⅱ〉, 도서출판 아르케.

남기심, 고영근, 1993, 〈표준국어문법론〉, 탑출판사.

(사)대구광역시박물관협의회, 2009, 〈대구의 문화유적과 박물관〉, (주)씨티파트너.

(사)동산의료선교복지회/의료선교박물관, 2013, 〈의료선교박물관〉, 디자인피크.

白水振, 李铁根, 2012, 〈한국인을 위한 중국어 작문 CLINIC 클리닉〉, 동양문고.

李铁根

文学博士, 1957年11月生于中国沈阳市。1986年起任教于辽宁大学中文系, 1999年来韩国大学任教, 现为启明大学中国语文学系专任教授。主要致力于汉语语法和汉语教学研究以及韩中语言对比研究。已出版《现代汉语时制研究》、《现代汉语表时标记研究》、《现代中国语语法》、《现代汉语概论》、《한국인을 위한 중국어 작문 CLINIC 클리닉》(合著)等著作若干部, 并在中国和韩国专业刊物上发表学术论文数十篇。

韩中翻译基础
한중번역기초

초판 1쇄 발행 _ 2016년 6월 30일

편 저 · 李 铁 根
발행인 · 정 현 걸
발 행 · 신 아 사
인 쇄 · 대명프린팅
주 소 · 서울특별시 은평구 통일로 59길 4 (2F)
전 화 · (02) 382-6411 팩스 · (02) 382-6401
홈페이지 · www.shinasa.co.kr
E-mail · shinasa@daum.net
출판등록 · 1956년 1월 5일 (제 9-52호)

ISBN : 978-89-8396-945-3 (93720)

정가 13,000원